tartes

Photos: Tango
Styliste culinaire: Jacques Faucher
Styliste accessoiriste: Luce Meunier
Sites des séances de photos: Verger Jude-Pomme d'Oka, Marché Jean-Talon
de Montréal (un merci particulier à Chez Michel et à Birri et frères)
Accessoires de cuisine et de table: Linen Chest et La Maison d'Émilie
(Outremont)
Rédaction: Christian Séguin
Infographie: Johanne Lemay

Catalogage avant publication de Bibliothèque et
Archives nationales du Québec et Bibliothèque
et Archives Canada

Fiset, Josée

   Tartes

   ISBN   978-2-7619-2516-7

   1. Tartes.   2. Tartes salées.   I. Boué, Dominique.   II. Titre.

TX773.F57 2009   641.8'652   C2009-942170-4

11-09

Dépôt légal: 2009
Bibliothèque nationale du Québec

ISBN: 978-2-7619-2516-7

DISTRIBUTEURS EXCLUSIFS:

• Pour le Canada et les États-Unis:
MESSAGERIES ADP*
2315, rue de la Province
Longueuil, Québec J4G 1G4
Tél.: 450 640-1237
Télécopieur: 450 674-6237
Internet: www.messageries-adp.com
* filiale du Groupe Sogides inc.,
   filiale du Groupe Livre Quebecor Media inc.

• Pour la France et les autres pays:
INTERFORUM editis
Immeuble Paryseine, 3, Allée de la Seine
94854 Ivry CEDEX
Tél.: 33 (0) 1 49 59 11 56/91
Télécopieur: 33 (0) 1 49 59 11 33
Service commandes France Métropolitaine
Tél.: 33 (0) 2 38 32 71 00
Télécopieur: 33 (0) 2 38 32 71 28
Internet: www.interforum.fr
Service commandes Export – DOM-TOM
Télécopieur: 33 (0) 2 38 32 78 86
Internet: www.interforum.fr
Courriel: cdes-export@interforum.fr

• Pour la Suisse:
INTERFORUM editis SUISSE
Case postale 69 – CH 1701 Fribourg – Suisse
Tél.: 41 (0) 26 460 80 60
Télécopieur: 41 (0) 26 460 80 68
Internet: www.interforumsuisse.ch
Courriel: office@interforumsuisse.ch
Distributeur: OLF S.A.
ZI. 3, Corminboeuf
Case postale 1061 – CH 1701 Fribourg – Suisse
Commandes: Tél.: 41 (0) 26 467 53 33
                Télécopieur: 41 (0) 26 467 54 66
                Internet: www.olf.ch
                Courriel: information@olf.ch

• Pour la Belgique et le Luxembourg:
INTERFORUM BENELUX S.A.
Fond Jean-Pâques, 6
B-1348 Louvain-La-Neuve
Téléphone: 32 (0) 10 42 03 20
Fax: 32 (0) 10 41 20 24
Internet: www.interforum.be
Courriel: info@interforum.be

Gouvernement du Québec – Programme de crédit d'impôt pour
l'édition de livres – Gestion SODEC – www.sodec.gouv.qc.ca

L'Éditeur bénéficie du soutien de la Société de développement des
entreprises culturelles du Québec pour son programme d'édition.

Le Conseil des Arts du Canada
The Canada Council for the Arts

Nous remercions le Conseil des Arts du Canada de l'aide accordée à
notre programme de publication.

Nous reconnaissons l'aide financière du gouvernement du Canada par
l'entremise du Programme d'aide au développement de l'industrie de
l'édition (PADIÉ) pour nos activités d'édition.

tartes

Josée Fiset et Dominique Boué
de Première Moisson

LES ÉDITIONS DE
L'HOMME

Une compagnie de Quebecor Media

Avant-propos

S'il est une catégorie de pâtisseries qui éveille chez moi de merveilleuses émotions, c'est bien celle des tartes. De mes inoubliables souvenirs des tartes de ma grand-mère jusqu'aux nombreuses heures passionnantes consacrées aux recettes de ce livre, les tartes sont pour moi un indéniable synonyme de plaisir, de créativité, de partage et de bonheur.

Pour cette raison, il m'était primordial que ce livre soit aussi original, accessible et ludique que possible, qu'il soit un ouvrage festif à même de mettre l'eau à la bouche au premier coup d'œil avant de faire les délices de tout un chacun, de la préparation à la dégustation. Dominique et moi l'avons certainement conçu dans cet esprit. C'est avec un énorme appétit que nous sommes allés au bout de notre savoir-faire et de notre imagination pour le garnir généreusement de nos connaissances professionnelles et de fantaisie. Très souvent, sous l'inspiration du moment, d'une photo, d'une curiosité, d'un élément culturel ou autre, nous avons même laissé notre intuition prendre carrément le dessus sur les règles de l'art pâtissier, par pure envie d'oser, d'innover et de nous surprendre nous-mêmes.

Je me revois tout un été durant à concevoir des tartes aussi inventives les unes que les autres afin d'explorer diverses avenues gustatives, puis à les servir à un panel de goûteurs hautement volontaires – mes enfants et leurs amis – qui me livraient aussitôt, avec une franchise des plus exquises, leurs fraîches impressions sur mes créations. Que de moments privilégiés !

Nous nous sommes aussi beaucoup éclatés à développer une multitude de fonds pour sortir des sentiers battus et réinventer la tarte. Je repense entre autres à toutes ces fois où j'ai apporté au bureau un fond insolite créé à la maison, afin de le faire goûter à mes collègues et d'échanger avec eux dans le but de trouver la meilleure garniture pouvant y être mariée. Je me rappelle notamment du matin où je suis arrivée avec une variété de fonds faits de fruits séchés liés avec du chocolat au lait… quel plaisir nous avons eu à imaginer ce que nous pourrions faire de cette idée venue de nulle part ! Souvent aussi, par symbiose naturelle, j'apportais un nouveau fond au bureau et Dominique trouvait la garniture.

Que d'aventures savoureuses nous avons vécues pour faire de ce livre un recueil à nul autre pareil! Et combien de recettes avons-nous recommencées encore et encore jusqu'à ce que nous obtenions un résultat au summum de nos ambitions gourmandes! Plus d'une fois, le processus nous a même fait aboutir à une tarte entièrement différente de celle que nous avions en tête au départ, toujours à notre plus grand régal. En grands apôtres des produits frais que nous sommes, nous vous invitons aussi à profiter pleinement des récoltes de saison lorsque vous faites vos tartes. Dans les garnitures, rien ne surpasse la riche saveur des fruits fraîchement cueillis.

Enfin, ce livre est le résultat d'un superbe et joyeux travail d'équipe. Sans le soutien inestimable de tous nos collaborateurs, jamais il n'aurait vu le jour. Grâce à eux toutefois, le produit final est le reflet exact de la vision que Dominique et moi en avions. Parfaitement à notre image, il est le fruit de notre grande complicité – nous travaillons ensemble depuis le début des années 1990 –, de notre insatiable passion de la pâtisserie et de notre vive folie créatrice. À travers les fonds et les tartes que nous y présentons, furent-ils traditionnels ou excentriques, simples ou élaborés, riches ou légers, il témoigne avec éloquence aussi bien de notre amour inconditionnel de la gastronomie que de notre préoccupation de la saine alimentation.

Maintenant que vous avez ce livre entre les mains, notre plus grand souhait est qu'il vous donne comme jamais le goût de vous amuser à faire des tartes et à exploiter votre propre créativité, en jonglant avec nos recettes ou en vous en inspirant pour en inventer de nouvelles. Toutes les fantaisies sont permises. Prenez-y plaisir, vous vous en délecterez!

JOSÉE FISET

PÂTES À TARTE

Impossible de parler de tarte sans parler de croûte ou de fond et, par conséquent, de pâte. La pâte, c'est la base de la tarte – dans tous les sens du terme ! Une base qui peut également être conçue de façons fort variées. À preuve, ce livre contient plus d'une trentaine de fonds différents qui sont autant de bases que vous pouvez garnir à votre gré. Histoire de faire honneur aux traditions et de bien lancer cette belle aventure pâtissière, nous vous proposons d'abord nos versions des classiques du genre.

Bienvenue dans le merveilleux monde de la tarterie !

Pâtes à tarte

Pâte brisée au beurre

Classique des classiques, cette pâte est celle qui, dans les règles de l'art de la tradition québécoise, enveloppe depuis toujours les bonnes tartes aux fruits recouvertes d'une croûte pleine de chez nous. D'ailleurs, ayant un souvenir impérissable de l'odeur, du goût et de la texture de la croûte légère, un brin feuilletée et toute raboteuse des tartes de ma grand-mère, il allait de soi que je devais reproduire dans ce livre la recette de sa pâte. Mais comme grand-maman a toujours fait sa pâte à l'œil, j'ai dû trouver une ressource digne de confiance pour arriver à mes fins.

C'est ainsi que, par un beau dimanche matin à la campagne, ma mère m'a montré comment grand-maman faisait sa pâte. Sans recette, évidemment! Elle a commencé par sortir la glace pour garder l'eau très froide afin que le beurre ne se réchauffe pas, puis nous avons mesuré les ingrédients à l'œil, ce qui a donné un cachet très authentique à l'activité. Pour assurer que les ingrédients ne se réchauffaient pas, il ne fallait surtout pas les manipuler avec les mains. Nous les avons donc mélangés avec des couteaux en entrecroisant ceux-ci encore et encore jusqu'à l'obtention d'une pâte sablée. Un exercice intensif, croyez-moi!

Dans les deux recettes qui vous sont proposées ici, je me suis permis quelques libertés. La plus importante est le remplacement, par du beurre, du traditionnel saindoux utilisé par ma grand-mère. J'ai un faible assumé pour le goût des croûtes au beurre qui vient sûrement du fait que j'ai appris à cuisiner au beurre avec ma mère et mon beau-père, un boulanger français qui mettait du beurre partout en affirmant que plus il y en avait, meilleur c'était. Pour répondre aux diverses préférences,

je propose deux options. Dans la première recette, la pâte est faite à la main comme dans le bon vieux temps tandis que dans la seconde, le robot de cuisine est mis à contribution – il faut bien profiter des avantages de la modernité! En hommage à grand-maman, je propose aussi une variante au saindoux qui m'a fait carrément redevenir accro à la pâte brisée au saindoux. Beurre ou saindoux? Ne comptez pas sur moi pour trancher!

Rendement : 2 croûtes de 23 cm (9 po) • **Préparation :** 15 min
Repos : 30 min

250 g (2 ½ tasses) de farine non blanchie froide
1 c. à café (1 c. à thé) de sel marin
200 g (1 tasse) de beurre non salé froid
125 ml (½ tasse) + 1 à 7 c. à soupe d'eau glacée selon la méthode choisie (lire la remarque)

Méthode à la main

- Dans un grand bol froid, mélanger la farine et le sel.
- Découper le beurre froid en cubes de 1,5 cm (⅝ po), mettre aussitôt ceux-ci dans le bol, puis mélanger afin de bien les enrober de farine (figure 1).
- À l'aide d'un mélangeur à pâte manuel ou de deux couteaux, découper les morceaux de beurre en continuant de les mélanger à la farine, jusqu'à ce qu'ils soient de la grosseur de petits pois (figure 2).
- Ajouter 125 ml (½ tasse) d'eau glacée, mélanger à la fourchette, puis rajouter de l'eau glacée au besoin, 1 c. à soupe à la fois, jusqu'à ce que la pâte commence à être humide et à coller ensemble (figure 3).
- Former une boule avec les mains en manipulant très peu la pâte (figures 4 et 5).
- Couper la boule en deux, former deux disques de 13 cm (5 po) de diamètre, envelopper chacun d'eux de pellicule plastique et réfrigérer aussitôt pendant 30 min (figure 6).

Méthode au robot de cuisine

- Dans le bol du robot, mélanger la farine et le sel.

- Découper le beurre froid en dés, mettre aussitôt ceux-ci dans le bol, puis mélanger par petits coups en utilisant la commande «impulsion» («*pulse*») du robot, jusqu'à ce que les dés soient de la grosseur de petits pois.

- Ajouter 125 ml (½ tasse) d'eau glacée, puis continuer de mélanger par petits coups en utilisant toujours la même commande, jusqu'à ce que la pâte commence à être humide et à coller ensemble. Au besoin, rajouter de l'eau glacée 1 c. à soupe à la fois.

- Former alors une boule avec les mains en manipulant très peu la pâte.

- Couper la boule en deux, former deux disques de 13 cm (5 po) de diamètre, envelopper chacun d'eux de pellicule plastique et réfrigérer aussitôt pendant 30 min.

VARIANTE AU SAINDOUX

Pour quiconque recherche le bon goût d'autrefois afin d'éveiller de mémorables souvenirs gustatifs, il suffit simplement de remplacer le beurre par du saindoux dans la recette. La quantité d'eau à rajouter à la pâte sera cependant moindre que pour la recette avec du beurre (environ 1 à 3 c. à soupe). Noter que la texture de la pâte brisée au saindoux est plus souple que celle de la pâte brisée au beurre (le saindoux étant plus mou, il est facile à mélanger avec des couteaux).

Ma grand-mère, qui vivait sur une ferme, faisait son propre saindoux avec de la panne de porc. La panne, aussi appelée crépine, est la membrane graisseuse qui entoure les tripes du porc. Chaque automne, grand-maman prélevait la panne des deux cochons tués par mon grand-père, puis la mettait au four toute la nuit à feu doux, soit environ 150 °C (300 °F) selon ma mère qui conserve un souvenir impérissable du processus, afin qu'elle fonde lentement. Au matin, elle récoltait la panne fondue – le saindoux – qu'elle utilisait ensuite pour faire ses pâtes à tarte et à tourtière et poursuivait la cuisson de la panne non fondue. À la fin, elle récupérait aussi la panne dorée au fond du chaudron pour en faire les meilleurs cretons du monde au dire de ma mère. Ne vivant pas sur une ferme, ma grand-tante Armandine faisait quant à elle son saindoux avec du simple gras de porc.

REMARQUES

- Le beurre étant plus dur que le saindoux, il est plus facile de le mélanger en utilisant un mélangeur à pâte que des couteaux pour la méthode à la main. Avec le saindoux, l'opération est facile avec les deux ustensiles.
- La quantité d'eau glacée à rajouter aux 125 ml (½ tasse) dépend du gras utilisé (beurre ou saindoux) et de la méthode suivie. Personnellement, je rajoute 6 c. à soupe d'eau glacée lorsque je fais ma pâte brisée avec du beurre et à la main, 2 c. à soupe lorsque je la fais avec du beurre et au robot et 1 c. à soupe lorsque je la fais avec du saindoux, à la main comme au robot. Ces quantités peuvent toutefois varier selon la dextérité avec laquelle la pâte est mélangée, d'où l'importance de procéder 1 c. à soupe à la fois.

NOTE GOURMANDE

Avec les retailles de pâte brisée, vous pouvez faire des nombrils-de-sœurs (recette à la page 146). Vous pouvez aussi utiliser une pleine recette afin d'en faire un plus grand nombre pour une occasion spéciale, une fête d'enfants par exemple.

Pâte de blé entier

Cette pâte faite à partir d'huile et de farine de blé entier plaira à ceux qui aiment les recettes un peu plus santé. Avec elle, il faut toutefois oublier tout espoir de feuilletage, car la matière grasse fusionne entièrement avec les ingrédients secs pour former une pâte lisse et homogène. En revanche, elle permet des explorations intéressantes côté saveur. Dans la version ci-dessous, j'utilise de l'huile de canola, car je voulais un goût neutre. En prenant une autre huile – de l'huile de tournesol, par exemple –, vous lui donnerez plus de personnalité. Tentez des expériences avec vos huiles préférées, vous vous amuserez!

Rendement : 2 abaisses de 23 cm (9 po) • **Préparation :** 10 min
Repos : 30 min

280 g (2 tasses) de farine de blé entier
1 pincée de levure chimique (poudre à pâte)
¼ c. à café (¼ c. à thé) de sel marin
1 œuf, battu
60 ml (¼ tasse) d'eau
80 ml (⅓ tasse) d'huile végétale de première qualité

• Dans un bol, mélanger ensemble la farine, la levure chimique et le sel, puis faire un puits au centre du mélange.
• Battre ensemble l'œuf, l'eau et l'huile et verser dans le puits.
• Incorporer tous les ingrédients avec les doigts jusqu'à la formation d'une boule de pâte.
• Fariner la boule, puis l'envelopper d'une pellicule plastique et la laisser reposer 30 min au réfrigérateur.

CONSEIL DE DOMINIQUE
Si vous trouvez la présence des fibres trop dominante ou que le goût de blé est trop prononcé, vous pouvez couper la farine de blé entier avec de la farine blanche, au goût. Vous pouvez aussi remplacer la farine de blé entier par de la farine d'épeautre.

Pâte sucrée

Préparée notamment avec du beurre et un œuf, cette pâte est riche et épaisse. Sa longue cuisson, qui la déshydrate, lui donne une belle texture croustillante et une saveur de beurre relevée. En la cuisant à cœur, vous maximiserez cette saveur ainsi que la qualité de sa friabilité.

Rendement : 1 abaisse de 23 cm (9 po) • **Préparation :** 15 min
Repos : 1 h au moins

80 g (⅓ tasse) de beurre non salé à température ambiante (semi-ferme)
90 g (½ tasse) de sucre glace
210 g (1 ⅓ tasse) de farine non blanchie
1 pincée de sel marin
1 œuf, battu
½ c. à café (½ c. à thé) d'extrait de vanille pur

• Dans un bol, avec une spatule, mélanger en pommade le beurre mou et le sucre glace jusqu'à l'obtention d'une texture crémeuse.
• Ajouter la farine et le sel, puis sabler entre les mains afin d'incorporer la farine au beurre jusqu'à ce que le mélange ressemble à du sable.
• Former un puits au centre du mélange, y verser l'œuf battu et la vanille, puis mélanger délicatement d'un mouvement circulaire avec le bout des doigts jusqu'à la formation d'une boule de pâte.
• Fariner la boule, puis l'envelopper d'une pellicule plastique et la laisser reposer au moins 1 h au réfrigérateur (consulter les conseils de Dominique et la remarque à la page suivante).

REMARQUE

Il est possible de congeler les pâtes sucrée et sucrée au chocolat en les emballant bien dans une pellicule plastique. Avant de les travailler, les laisser décongeler au réfrigérateur quelques heures.

Chapelure de pâte sucrée

Oubliez les biscuits du commerce! Nous vous donnons jusqu'à notre recette maison pour faire les biscuits mêmes que vous métamorphoserez ensuite en fond de tarte. De quoi vous faire mettre doublement la main à la pâte avant de doubler votre plaisir au moment de vous en régaler. Vous n'en laisserez pas une miette!

Le produit d'une recette de pâte sucrée tel que détaillé à la page 13.

Méthode (à préparer la veille)

• Étendre la pâte sucrée à 3 cm (1 ¼ po) d'épaisseur et la déposer sur une plaque à biscuits.

• Cuire à cœur à 160 °C (325 °F) de 20 à 25 min jusqu'à ce que la couleur passe du blond au brun.

• Laisser sécher la pâte cuite sur le comptoir de 12 à 24 h.

• Broyer finement au robot de cuisine la pâte sèche afin d'obtenir de la chapelure de pâte sucrée.

Pâte sucrée au chocolat

Cette variante de la pâte sucrée est un délice pour les accros de chocolat comme moi.

Rendement : 1 abaisse de 23 cm (9 po) • **Préparation :** 15 min
Repos : 1 h au moins

80 g (⅓ tasse) de beurre non salé à température ambiante (semi-ferme)
90 g (½ tasse) de sucre glace
180 g (1 ¼ tasse) de farine non blanchie
30 g (¼ tasse) de poudre de cacao
2 pincées de sel marin
1 œuf, battu
½ c. à café (½ c. à thé) d'extrait de vanille pur

• Dans un bol, avec une spatule, mélanger en pommade le beurre mou et le sucre glace jusqu'à l'obtention d'une texture crémeuse.

• Ajouter la farine, le cacao et le sel, puis sabler entre les mains afin d'incorporer la farine au beurre jusqu'à ce que le mélange ressemble à du sable.

• Former un puits au centre du mélange, y verser l'œuf battu et la vanille, puis mélanger délicatement d'un mouvement circulaire avec le bout des doigts jusqu'à la formation d'une boule de pâte.

• Fariner la boule, puis l'envelopper d'une pellicule plastique et la laisser reposer au moins 1 h au réfrigérateur.

Pâte sablée

Cette pâte plus riche en beurre et en sucre que la pâte sucrée donne un fond de tarte dont la texture rappelle celle d'un biscuit, mais en version plus friable.

Rendement : 1 fond de tarte • **Préparation :** 15 min • **Repos :** 10 min

140 g (½ tasse) de beurre non salé à température ambiante (semi-ferme)
130 g (½ tasse) de sucre de canne
1 pincée de sel marin
250 g (1 ½ tasse) de farine non blanchie
12 g (1 c. à soupe) de levure chimique (poudre à pâte)
1 œuf, battu

- Mélanger le beurre avec le sucre et le sel.
- Tamiser la farine et la levure chimique deux fois pour que celle-ci soit bien répartie.
- Incorporer la farine et le beurre en les sablant.
- Incorporer l'œuf et mélanger jusqu'à l'obtention d'une boule de pâte.
- Fariner la boule, puis l'envelopper d'une pellicule plastique et la laisser reposer environ 10 min au réfrigérateur.

Pâte biscuit

Cette pâte délicieuse et facile à réaliser s'apparente réellement à un biscuit. Il ne s'agit ni d'une pâte sucrée ni d'une pâte sablée, mais plutôt d'une pâte croustillante qui rappelle le crumble d'origine britannique. J'ai appris à la faire grâce au paternel de ma famille spirituelle française, Henri Marsand pour ne pas le nommer, lorsque celui-ci m'a montré comment faire une tarte aux abricots à l'occasion d'un voyage en Espagne. Nous étions à son appartement d'Ibiza et les fruits avaient été fraîchement cueillis des abricotiers. Inutile de vous dire que j'en conserve un délicieux souvenir et que je me fais une joie de partager cette recette avec vous à la page 51. Les tartes faites avec la pâte biscuit étant très simples à faire, j'en ai élaboré plusieurs spécialement pour ce livre.

Rendement : 1 fond de tarte • **Préparation :** 15 min • **Repos :** 10 min

130 g (½ tasse) de sucre de canne
200 g (¾ tasse) de beurre non salé, mou
250 g (1 ½ tasse) de farine non blanchie
1 pincée de sel marin

- Dans un grand bol, à l'aide d'une spatule, mélanger en pommade le sucre avec le beurre mou jusqu'à l'obtention d'une texture crémeuse.
- Incorporer la farine et le sel sans trop manipuler la pâte.
- Former une boule à l'aide de vos mains en mélangeant très peu (environ 1 min).
- Laisser reposer la pâte environ 10 min au réfrigérateur – elle ne doit pas durcir.

Pâte feuilletée rapide

Grand classique de la pâtisserie, cette pâte semble toujours difficile à réaliser pour les non-initiés. Il existe pourtant une méthode rapide, à base de pâte brisée, qui donne un résultat similaire à la pâte feuilletée traditionnelle. Le secret consiste à plier la pâte à répétition afin d'obtenir l'effet de feuilletage recherché.

Rendement : 2 croûtes de 23 cm (9 po) • **Préparation :** 15 min
Repos : 1 h

250 g (2 ½ tasses) de farine non blanchie froide
1 c. à café (1 c. à thé) de sel marin
200 g (1 tasse) de beurre non salé froid, coupé en cubes de 1 x 1 cm
    (½ x ½ po)
155 ml (½ tasse + 2 c. à soupe) d'eau glacée

- Verser la farine et le sel dans un grand bol froid, puis ajouter les cubes de beurre.
- Mélanger avec les mains afin d'enrober de farine les cubes de beurre, sans les écraser (figure 1).
- Faire un puits et y verser l'eau, puis mélanger délicatement jusqu'à ce qu'une boule commence à se former (figures 2 et 3).
- Former une boule avec les mains en prenant soin de garder les morceaux de beurre aussi intacts que possible (figures 4 et 5).
- Fariner la boule, puis l'envelopper d'une pellicule plastique et la laisser reposer environ 1 h au réfrigérateur.

Tourage de la pâte (quatre tours)
- Bien fariner l'espace de travail ainsi que la pâte et le rouleau à pâtisserie dès que vous voyez que ça colle.

Première étape (deux tours)
- Abaisser la pâte sur sa longueur – 38 cm de long x 20 cm de large (15 po de long x 8 po de large) (figure 6).
- Plier la pâte en portefeuille (figures 7 et 8).
- Placer devant soi le côté où les couches de pâte sont visibles (figure 9).
- Abaisser de nouveau la pâte sur la longueur (même dimension que la première fois).
- Plier la pâte en portefeuille de nouveau.
- Envelopper la pâte d'un linge ou d'un papier sulfurisé et la laisser reposer au réfrigérateur 10 min.

Deuxième étape (deux tours)
- Reprendre la pâte en plaçant devant soi le côté où les couches de pâte sont visibles.
- Abaisser une troisième fois la pâte sur la longueur (même dimension que la première fois).
- Plier la pâte en portefeuille.
- Placer encore une fois devant soi le côté où les couches de pâte sont visibles.
- Abaisser une quatrième fois la pâte sur la longueur (même dimension que la première fois).
- Plier la pâte en portefeuille une dernière fois.
- Envelopper la pâte d'un linge et la laisser reposer au réfrigérateur 30 min.

CONSEIL DE DOMINIQUE
Cette pâte peut-être faite la veille. Si vous voulez vous assurer qu'elle ne rétrécisse pas à la cuisson, formez le fond de tarte selon les spécifications de la recette afin qu'il soit prêt à recevoir sa garniture, puis laissez-le reposer au réfrigérateur pendant 12 h au moins.

NOTE GOURMANDE
Avec les retailles de pâte feuilletée, vous pouvez faire des petits bâtonnets de palmier ou des apéros au sésame (recettes à la page 146).

TARTES TRADITIONNELLES

Il y a une indéniable magie qui se produit avec les tartes. La façon avec laquelle certaines d'entre elles réussissent à déclencher des souvenirs profonds par leur odeur ou leur goût est fascinante. Les plus magiques du lot sont incontestablement les tartes liées à notre enfance. Celles préparées par nos mères, nos grands-mères. Et c'est probablement ce qui fait que la plupart d'entre nous trouvons ce mets réconfortant, enveloppant, voire rassurant. Cette première section met en vedette toutes ces tartes classiques qui font partie de nos traditions ainsi que d'autres qui sont au cœur du patrimoine alimentaire d'ailleurs. Faites selon les règles fondamentales de l'art avec des croûtes de base, elles se démarquent par leur simplicité, leur authenticité. Cela dit, nous nous sommes évidemment donné la liberté d'en réinventer quelques-unes, histoire de bien marquer que l'aventure que nous vous proposons au pays de la tarterie se fera bel et bien sous le signe de la créativité.

Tarte aux pommes maison de ma mère

Portions : 6 à 8 • **Préparation :** 30 min • **Cuisson :** 55 min
Ustensile : moule à tarte rond de 23 cm (9 po) en pyrex ou en céramique

Ah ! la cuisine au bon goût d'autrefois de nos mères. Elle a ce petit je-ne-sais-quoi qui nous réconforte et nous rappelle tout l'amour avec lequel elles nous ont choyés au fil des ans. En hommage à toutes les mères, j'ai voulu reproduire ici la tarte aux pommes maison de la mienne. Une recette toute simple, mais une saveur mémorable ! De la pâte au beurre – ma mère est une inconditionnelle du beurre –, des pommes, du sucre, un soupçon de cannelle et une merveilleuse odeur qui embaume la maison à tout coup. Merci maman !

FOND DE PÂTE BRISÉE

- Séparer la pâte brisée en deux et former deux boules bien rondes.
- Fariner la surface de travail et abaisser chaque boule pour former deux abaisses rondes de 28 cm (11 po) de diamètre.
- Foncer le moule à tarte avec la première abaisse.
- Plier la deuxième abaisse en deux, y faire des incisions à l'aide d'un couteau et réserver.

GARNITURE

- Préchauffer le four à 190 °C (375 °F). Mélanger dans un bol les ingrédients de la garniture et verser ce mélange dans l'abaisse.
- Badigeonner d'eau le rebord de la pâte, couvrir de l'autre abaisse, puis retirer le surplus de pâte à l'aide d'un couteau.
- Festonner le rebord en pinçant la pâte avec les doigts, puis badigeonner d'eau le dessus de la tarte et le saupoudrer de sucre.
- Cuire au four sur la grille du bas 10 min, puis de 35 à 45 min sur la grille du centre ou jusqu'à ce que la croûte soit dorée.
- Servir tiède avec de la crème fraîche ou de la crème glacée.

VARIANTES AUX BLEUETS OU AUX FRAMBOISES

- Remplacer les pommes par des bleuets ou des framboises ou les deux ensemble ! Ajouter simplement 40 g (1/4 tasse) de tapioca à cuisson rapide et mélanger aux fruits.

VARIANTE HORS SAISON

- Lorsque les fruits de saison ne sont pas offerts, il est toujours possible d'utiliser des fruits congelés. Ajouter 1 c. à soupe de tapioca supplémentaire à la variante précédente ou augmenter le temps de cuisson d'environ 15 min.

FOND DE PÂTE BRISÉE

- Le produit de notre recette de pâte brisée (page 10)

GARNITURE

- 8 pommes Cortland, Empire, Golden ou Lobo moyennes, évidées, pelées et coupées en huit
- 80 g (1/3 tasse) + 2 c. à soupe de sucre de canne
- 1 c. à café (1 c. à thé) de cannelle moulue

Tarte champêtre aux fraises et à la rhubarbe

Portions : 6 à 8 • **Préparation :** 45 min • **Cuisson :** 1 h

Ustensile : moule à tarte rond de 23 cm (9 po) en pyrex ou en céramique

FOND DE PÂTE BRISÉE

- Le produit de notre recette de pâte brisée (page 10)

GARNITURE

- 650 g (4 tasses) de fraises fraîches, lavées, équeutées et coupées en deux
- 550 g (4 tasses) de rhubarbe fraîche, coupée en morceaux de 2,5 cm (1 po)
- 200 g (1 tasse) + 2 c. à soupe de sucre de canne
- 50 g (⅓ tasse) de fécule de maïs
- 80 ml (⅓ tasse) d'eau froide

FOND DE PÂTE BRISÉE

- Séparer la pâte brisée en deux et former deux boules bien rondes.
- Fariner la surface de travail et abaisser chaque boule pour former deux abaisses rondes de 28 cm (11 po) de diamètre.
- Foncer le moule à tarte avec la première abaisse.
- Découper l'autre abaisse en douze bandes de 1 cm (⅜ po) de largeur et réserver.

GARNITURE

- Préchauffer le four à 200 °C (400 °F).
- Cuire les fraises, la rhubarbe et le sucre dans une grande casserole jusqu'à ébullition.
- Retirer les fraises et la rhubarbe du liquide bouillant en prenant soin de ne pas les abîmer. Réserver.
- Diluer la fécule de maïs dans l'eau froide et ajouter au liquide bouillant. Laisser épaissir pendant 2 min à feu moyen.
- Mélanger délicatement les fraises et la rhubarbe au liquide et laisser refroidir 1 h à température ambiante.
- Verser la garniture dans l'abaisse.
- Badigeonner d'eau le rebord de la pâte, disposer les bandes sur le dessus de la garniture en les entrecroisant et bien les fixer sur le rebord.
- Badigeonner d'eau le dessus de la tarte et le saupoudrer de sucre.
- Cuire dans le bas du four 10 min.
- Réduire la température du four à 180 °C (350 °F) et poursuivre la cuisson pendant 50 min ou jusqu'à ce que les bandes soient dorées.
- Servir la tarte lorsqu'elle est bien refroidie.

Tarte pommes-bleuets-crumble

Portions : 6 à 8 • **Préparation :** 45 min • **Cuisson :** 1 h 15
Ustensile : moule à tarte rond de 23 cm (9 po) en pyrex ou en céramique

FOND DE PÂTE BISCUIT

- Préchauffer le four à 180 °C (350 °F).
- Déposer la boule de pâte au centre du moule, puis l'étaler uniformément avec les doigts à partir du centre jusqu'au haut du rebord du moule.
- Placer une feuille de papier sulfurisé sur la pâte et y déposer 400 g (2 tasses) de pois secs (cette opération a pour but de garder la pâte en place pendant la cuisson).
- Cuire le fond au four 10 min sur la grille du bas.
- Retirer du four, enlever les pois et le papier sulfurisé.

CRUMBLE

- Préchauffer le four à 160 °C (325 °F).
- Mélanger dans un bol le beurre mou et le sucre.
- Mélanger la farine et le sel, puis les incorporer au mélange de beurre et de sucre.
- Mêler le tout avec les doigts jusqu'à l'obtention d'une pâte friable, tout en laissant de gros morceaux.
- Placer le crumble sur une plaque, cuire au four 15 min ou jusqu'à ce que le crumble commence à dorer légèrement et réserver.

GARNITURE

- Augmenter la température du four à 180 °C (350 °F).
- Chauffer le miel jusqu'à ce qu'il devienne liquide.
- Mélanger dans un grand bol tous les ingrédients de la garniture, puis les verser dans l'abaisse.
- Verser le crumble sur le dessus de la tarte.
- Cuire sur la grille du bas du four environ 1 h, jusqu'à ce que les pommes soient tendres et le crumble bien doré.
- Laisser refroidir avant de servir.

FOND DE PÂTE BISCUIT

- Le produit de notre recette de pâte biscuit (page 15)

CRUMBLE

- 75 g (¼ tasse + 1 c. à soupe) de beurre non salé à température ambiante
- 60 g (¼ tasse) de sucre de canne
- Une pincée de sel marin
- 100 g (½ tasse) de farine non blanchie

GARNITURE

- 60 ml (¼ tasse) de miel
- 4 pommes Cortland, Empire, Golden ou Lobo moyennes, évidées, pelées et coupées en dés de 2,5 cm (1 po)
- 500 g (3 tasses) de bleuets frais
- 2 c. à soupe de fécule de maïs

Tarte aux pommes et aux raisins en croûte

Portions : 8 à 10 • **Préparation :** 50 min • **Cuisson :** 45 min
Ustensile : moule à gâteau rond de 23 cm (9 po) et de 5 cm (2 po) de hauteur

INGRÉDIENTS

FOND DE PÂTE FEUILLETÉE

- Le produit de notre recette de pâte feuilletée rapide (page 16)

GARNITURE

- 3 jaunes d'œufs
- 60 g (¼ tasse) de sucre de canne
- 250 ml (1 tasse) de crème 35 %
- 1 pincée de cannelle moulue
- 8 pommes Cortland, Empire, Golden ou Lobo moyennes, évidées, pelées et coupées en quartiers
- 110 g (½ tasse) de raisins secs
- 1 œuf, battu

PRÉPARATION

FOND DE PÂTE FEUILLETÉE

- Séparer la pâte feuilletée en deux morceaux égaux.
- Fariner la surface de travail et abaisser chaque morceau de pâte pour former deux abaisses rondes de 28 cm (11 po) de diamètre.
- Foncer le moule avec la première abaisse et réserver la deuxième.

GARNITURE

- Préchauffer le four à 200 ºC (400 ºF).
- Au fouet, battre les jaunes d'œufs et le sucre jusqu'au blanchiment du mélange.
- Incorporer la crème et la cannelle.
- Déposer les quartiers de pommes et les raisins dans l'abaisse.
- Verser la préparation aux œufs sur les pommes.
- Badigeonner d'eau le rebord du fond et couvrir la garniture de l'autre abaisse.
- À l'aide d'un couteau, retirer le surplus de pâte.
- Festonner le rebord en pinçant la pâte avec les doigts.
- Badigeonner d'œuf battu le dessus de la tarte.
- Avec les retailles de pâte, tailler des formes de feuilles et en décorer le centre de la tarte.
- Badigeonner légèrement d'œuf battu le dessus des feuilles décoratives.
- Faire une entaille au centre de la tarte avec la pointe d'un couteau, puis faire un tour complet à celui-ci pour créer un trou (une cheminée) d'environ 5 mm (¼ po) de diamètre afin de laisser échapper la vapeur.
- Cuire au four sur la grille du bas 10 min, puis environ 35 à 40 min sur la grille du centre.
- Laisser refroidir avant de servir.

Tarte aux poires sur sauce au chocolat

Portions : 6 à 8 • **Préparation :** 30 min • **Cuisson :** 70 min
• **Ustensile :** moule à tarte rond de 23 cm (9 po) en pyrex ou en céramique

FOND DE PÂTE BISCUIT

- Préchauffer le four à 180 °C (350 °F).
- Déposer la boule de pâte au centre du moule, puis l'étaler uniformément avec les doigts à partir du centre jusqu'au haut du rebord du moule.
- Placer une feuille de papier sulfurisé sur la pâte et y déposer 400 g (2 tasses) de pois secs (cette opération a pour but de garder la pâte en place pendant la cuisson).
- Précuire le fond de tarte au four 10 min.
- Retirer les pois secs et le papier sulfurisé, puis réserver.

GARNITURE

- Chauffer la crème dans une casserole jusqu'à frémissement, puis ajouter le chocolat.
- Remuer jusqu'à ce que le chocolat soit complètement fondu.
- Verser sur le fond de tarte.
- Disposer les quartiers de poire en spirale, pointe vers le haut, à partir du bord jusqu'au centre.
- Cuire au four de 1 h à 1 h 20, jusqu'à ce que les poires soient dorées.
- Laisser refroidir à température ambiante et servir.

FINITION OPTIONNELLE

Pour donner une touche luisante à cette tarte, badigeonner les poires avec du nappage au miel (recette à la page 167).

REMARQUE

Si les pointes des poires sont trop grillées à votre goût, en couper les extrémités avec un ciseau.

FOND DE PÂTE BISCUIT

- Le produit de notre recette de pâte biscuit (page 15)

GARNITURE

- 80 ml (⅓ tasse) de crème 35 %
- 165 g (1 tasse) de chocolat noir, haché
- 6 poires Bartlett moyennes bien mûres, évidées et coupées en quartiers

> **RECOMMANDATION DE JOSÉE**
> Le chocolat noir Caraïbe à 66 % de cacao de Valrhona se mariant à merveille avec la poire, il est un choix tout indiqué pour cette garniture.

Tarte au sucre aromatisée au gingembre

Portions : 6 à 8 • **Préparation :** 30 min • **Cuisson :** 50 min
Ustensile : moule à tarte rond de 23 cm (9 po) en pyrex ou en céramique

INGRÉDIENTS PRÉPARATION

FOND DE PÂTE BRISÉE
- Le produit de notre recette de pâte brisée (page 10)

GARNITURE
- 250 ml (1 tasse) de crème 35 %
- 400 g (1 ½ tasse) de cassonade
- 60 g (¼ tasse) de beurre non salé
- 3 œufs, battus
- 1 c. à soupe de farine non blanchie
- 2 c. à café (2 c. à thé) de fécule de maïs
- 2 c. à café (2 c. à thé) de gingembre, fraîchement râpé
- ¼ c. à café (¼ c. à thé) de sel marin

Le gingembre ajouté à ce classique lui donne un bon petit goût de fraîcheur qui chatouille joyeusement les papilles.

FOND DE PÂTE BRISÉE
- Séparer la pâte brisée en deux et former deux boules bien rondes.*
- Fariner la surface de travail et abaisser une boule pour former une abaisse ronde de 30 cm (12 po) de diamètre.
- Foncer le moule à tarte avec l'abaisse.

GARNITURE
- Préchauffer le four à 180 °C (350 °F).
- Dans une casserole, chauffer la crème, la cassonade et le beurre sans les porter à ébullition.
- Dans un bol, fouetter ensemble le reste des ingrédients.
- Incorporer la préparation de crème chaude et battre le tout vigoureusement jusqu'à consistance lisse.
- Verser la garniture dans l'abaisse.
- À l'aide d'un couteau, retirer le surplus de pâte.
- Cuire dans le bas du four 50 min sans faire bouillir la garniture.
- Laisser refroidir et servir.

CONSEIL DE DOMINIQUE
Conservez les racines de gingembre pelées au congélateur, elles seront plus faciles à râper.

---

* Comme cette recette ne requiert que la moitié du produit de notre recette de pâte brisée, conserver l'autre boule pour faire une autre tarte ou encore des nombrils-de-sœurs (recette à la page 146). Emballée dans de la pellicule plastique, la pâte se gardera facilement un mois au congélateur.

Tarte aux pacanes de Première Moisson

Portions : 8 à 10 • **Préparation :** 30 min • **Cuisson :** 45 min

Ustensile : moule à tarte rond de 23 cm (9 po) en pyrex ou en céramique

FOND DE PÂTE SUCRÉE

• Préchauffer le four à 180 °C (350 °F).

• Fariner la surface de travail, abaisser la pâte au rouleau à pâtisserie et foncer le moule ou déposer la boule de pâte au centre du moule, puis l'étaler uniformément avec les doigts à partir du centre jusqu'au haut du rebord du moule.

• Placer une feuille de papier sulfurisé sur la pâte et y déposer 400 g (2 tasses) de pois secs (cette opération a pour but de garder la pâte en place pendant la cuisson).

• Cuire le fond au four 20 min sur la grille du bas.

• Retirer les pois et le papier sulfurisé sur la croûte et poursuivre la cuisson encore 15 min au centre du four ou jusqu'à ce que la croûte soit cuite à cœur et bien dorée.

• Retirer du four et laisser refroidir à température ambiante pendant environ 30 min.

GARNITURE

• Dans un bol, mélanger le sucre, le sirop de maïs et les œufs, puis bien battre au fouet.

• Ajouter la fécule de maïs et le beurre fondu et bien mélanger pour obtenir une consistance homogène.

• Disposer les pacanes sur la croûte.

• Verser la préparation sur les pacanes.

• Enfourner et cuire environ 45 min.

• Laisser refroidir de 4 à 5 h à température ambiante et servir. Pour faire figer la préparation plus rapidement, refroidir au réfrigérateur.

FOND DE PÂTE SUCRÉE

• Le produit de notre recette de pâte sucrée (page 13)

GARNITURE

• 200 g (1 tasse) de sucre de canne
• 180 ml (¾ tasse) de sirop de maïs
• 3 œufs, battus
• 2 c. à soupe de fécule de maïs
• 140 g (½ tasse) de beurre non salé, fondu
• 230 g (2 tasses) de pacanes

Tarte à la crème d'antan drôlement bonne

Portions : 6 à 8 • **Préparation :** 30 min • **Cuisson :** 50 min
Ustensile : moule à tarte rond de 23 cm (9 po) en pyrex ou en céramique

Un livre de recettes sur les tartes ne serait pas complet sans ce célèbre classique que les clowns et autres fanfarons se lancent au visage, notamment dans les films. Éric nous a donc proposé la recette de sa mère. Garnie d'une généreuse mesure de crème chantilly, cette tarte est une douceur absolument sublime !

FOND DE PÂTE BRISÉE

- Le produit de notre recette de pâte brisée (page 10)

GARNITURE

- 190 g (¾ tasse) de sucre de canne
- 2 c. à soupe de farine non blanchie
- 1 blanc d'œuf
- 185 ml (¾ tasse) de crème 35 %

CHANTILLY

- 375 ml (1 ½ tasse) de crème 35 %
- 1 c. à soupe de sucre de canne
- 1 c. à café (1 c. à thé) d'extrait de vanille pur

FOND DE PÂTE BRISÉE

- Séparer la pâte brisée en deux et former deux boules bien rondes.*
- Fariner la surface de travail et abaisser une boule pour former une abaisse ronde de 30 cm (12 po) de diamètre.
- Foncer le moule à tarte avec l'abaisse.

GARNITURE

- Préchauffer le four à 200 °C (400 °F).
- Mélanger dans un bol le sucre et la farine.
- Battre le blanc d'œuf jusqu'à la formation de pics fermes.
- Dans un bol, à l'aide d'une cuillère de bois, mélanger la crème en ajoutant graduellement le mélange de farine et de sucre, jusqu'à ce que le sucre soit complètement dissous dans la crème. Celle-ci doit rester liquide.
- À l'aide d'une spatule, incorporer délicatement le blanc d'œuf à la crème.
- Verser le mélange dans l'abaisse.
- À l'aide d'un couteau, retirer le surplus de pâte autour du rebord du moule.
- Cuire au four sur la grille du bas 10 min.
- Baisser la température à 160 °C (325 °F) et poursuivre la cuisson de 40 à 50 min sur la grille du centre. La cuisson sera terminée lorsqu'une pellicule dorée et croustillante se sera formée sur le dessus de la tarte.
- Laisser refroidir sur une grille.

FINITION • CHANTILLY

- Au malaxeur, fouetter la crème en y incorporant peu à peu le sucre et la vanille, jusqu'à ce que sa texture soit ferme.
- Garnir la tarte avec la chantilly.

* Comme cette recette ne requiert que la moitié du produit de notre recette de pâte brisée, conserver l'autre boule pour faire une autre tarte ou encore des nombrils-de-sœurs (recette à la page 146). Emballée dans de la pellicule plastique, la pâte se gardera facilement un mois au congélateur.

CONSEIL DE DOMINIQUE
Cette tarte aura tendance à déborder du moule à la cuisson. Il est donc préférable de mettre une plaque sous le moule afin de prévenir les dégâts.

Tarte au sirop d'érable sur croûte de noix

Portions : 8 à 10 • **Préparation :** 50 min • **Cuisson :** 45 min
Réfrigération : 1 h 20 • **Ustensile :** moule à charnière rond de 23 cm (9 po)
et plaque à biscuits

FOND DE NOIX DE GRENOBLE

- Broyer au robot de cuisine les noix de Grenoble avec le sucre et le sel jusqu'à consistance sablonneuse (environ 2 min).
- Ajouter le beurre en cubes et mélanger par pulsion encore 2 min.
- Transférer le mélange dans un bol, ajouter la farine, puis sabler entre les mains.
- Ajouter le jaune d'œuf et l'eau, puis mélanger avec les mains jusqu'à l'obtention d'une boule de pâte.
- Envelopper la pâte d'une pellicule plastique et réfrigérer 20 min.
- Préchauffer le four à 180 °C (350 °F).
- Prendre le quart de la pâte et l'aplatir avec les mains ou un rouleau sur un papier sulfurisé de manière à obtenir un rectangle d'environ 5 mm (¼ po) d'épaisseur.
- Découper en huit losanges, puis faire glisser ceux-ci et le papier sulfurisé sur la plaque à biscuits.
- Recouvrir la paroi du moule de bandes de papier sulfurisé en fixant celles-ci avec du beurre.
- Déposer le reste de la pâte en boule au centre du moule, puis l'étaler uniformément avec les doigts à partir du centre jusqu'au haut du rebord du moule.
- Placer une feuille de papier sulfurisé sur la pâte et y déposer 400 g (2 tasses) de pois secs (cette opération a pour but de garder la pâte en place pendant la cuisson).
- Cuire les losanges au maximum 10 min, en les surveillant afin qu'ils ne brûlent pas, et le fond de tarte 30 min.
- Lorsqu'ils sont cuits, sortir les losanges du four et les laisser refroidir à température ambiante.
- Après 30 min, retirer les pois et le papier sulfurisé sur la croûte et poursuivre la cuisson de celle-ci encore 15 min ou jusqu'à ce qu'elle soit bien dorée jusqu'au centre.
- Retirer du four et laisser refroidir à température ambiante environ 30 min.

FOND DE NOIX DE GRENOBLE

- 175 g (1 ½ tasse) de noix de Grenoble entières
- 145 g (½ tasse + 1 c. à soupe) de sucre de canne
- 1 c. à café (1 c. à thé) de sel marin
- 140 g (½ tasse) de beurre non salé froid, en cubes d'environ 5 mm (¼ po)
- 250 g (1 ½ tasse) de farine non blanchie
- 1 jaune d'œuf
- 3 c. à soupe d'eau

GARNITURE AU SIROP D'ÉRABLE

- 50 g (⅓ tasse) de fécule de maïs
- 250 ml (1 tasse) de crème 35 %
- 500 ml (2 tasses) de sirop d'érable

GARNITURE AU SIROP D'ÉRABLE

- Dans un bol, dissoudre la fécule de maïs dans le tiers de la crème.
- Dans une casserole, cuire à feu moyen le reste de la crème et le sirop d'érable jusqu'à ébullition en remuant constamment.
- Incorporer le mélange bouillant de sirop d'érable et de crème dans le mélange de fécule et de crème, puis remettre le tout dans la casserole et faire bouillir jusqu'à épaississement complet en remuant constamment.
- Laisser refroidir pendant 10 min à température ambiante.
- Verser la garniture dans la croûte de noix et laisser reposer à température ambiante 2 h.
- Placer les losanges de pâte sur le dessus de la tarte.
- Passer la lame d'un couteau entre la croûte et le moule et démouler délicatement.
- Réfrigérer 1 h et servir.

Tarte divine au caramel et aux trois noix

Portions : 8 à 10 • **Préparation :** 30 min • **Cuisson :** 50 min
Ustensile : moule à tarte cannelé rond à fond amovible de 23 cm (9 po)

FOND DE PÂTE SUCRÉE

- Le produit de notre recette de pâte sucrée (page 13)

GARNITURE

- 115 g (1 tasse) de pacanes
- 105 g (1 tasse) de noix de Grenoble
- 135 g (1 tasse) de noisettes
- 280 g (1 ⅓ tasse) de sucre de canne
- 80 ml (⅓ tasse) d'eau
- 165 ml (⅔ tasse) de crème 35 %
- 60 g (¼ tasse) de beurre non salé

Cette tarte fait sensation dans la bouche avec ses textures contrastantes. Tandis que le caramel onctueux caresse votre palais en douceur, vos dents croquent allègrement dans les noix pour en libérer toutes les saveurs. Le plaisir envoûtant qui en découle vous conduira au septième ciel !

FOND DE PÂTE SUCRÉE

- Préchauffer le four à 180 °C (350 °F).
- Fariner la surface de travail, abaisser la pâte au rouleau à pâtisserie et foncer le moule ou déposer la boule de pâte au centre du moule, puis l'étaler uniformément avec les doigts à partir du centre jusqu'au haut du rebord du moule.
- Placer une feuille de papier sulfurisé sur la pâte et y déposer 400 g (2 tasses) de pois secs (cette opération a pour but de garder la pâte en place pendant la cuisson).
- Cuire le fond à cœur au centre du four 30 min.
- Retirer les pois et le papier sulfurisé sur la croûte et poursuivre la cuisson encore 15 min ou jusqu'à ce que la croûte soit cuite à cœur et bien dorée.
- Retirer du four et laisser refroidir à température ambiante pendant 30 min.

GARNITURE

- Étendre sur une plaque le mélange de noix et le faire griller au four à 160 °C (325 °F) environ 15 min.
- Dans une petite casserole, faire chauffer la crème.
- Dans une casserole, chauffer à feu moyen le sucre et l'eau jusqu'à l'obtention d'un caramel (consulter l'information sur le caramel à la page 160).
- Retirer la casserole du feu et verser graduellement la crème chaude dans la casserole en mélangeant.
- Incorporer le beurre et brasser.
- Ajouter les noix, mélanger avec le caramel, puis verser sur la croûte.
- Laisser refroidir et servir avec de la crème anglaise ou de la sauce au caramel (recettes à la page 156).

CONSEIL DE DOMINIQUE

Il importe que la crème soit chaude avant de la verser sur le caramel chaud. Si elle est froide ou tiède, il y a risque d'éclaboussures qui pourraient causer des brûlures.
Comme le dit le proverbe :
mieux vaut prévenir que guérir.

Tarte au chocolat sur fond de noisettes

Portions : 8 • **Préparation :** 40 min • **Cuisson :** 25 min
Ustensile : moule à tarte carré à fond amovible de 23 x 23 cm (9 x 9 po)

Cette tarte très peu cuite se distingue par le jumelage de sa garniture moelleuse à son fond croquant de noisettes. En la cuisant un peu plus ou un peu moins longtemps, sa texture peut être variée au goût. Tentez l'expérience et savourez la différence !

FOND DE NOISETTES

• Broyer les ingrédients au robot de cuisine en prenant soin de laisser des morceaux grossiers.

• Verser la pâte dans le moule et l'étaler avec les doigts en commençant par le centre jusqu'au haut du rebord du moule.

GARNITURE

• Préchauffer le four à 180 °C (350 °F).

• Fondre le chocolat avec le beurre au bain-marie.

• Retirer du feu, ajouter le sucre, bien mélanger, puis laisser refroidir.

• Incorporer les œufs un à la fois et la liqueur de noisettes en brassant avec une cuillère en bois.

• Verser la préparation sur le fond et la garnir avec les noisettes entières.

• Cuire 15 min au four sur la grille du bas.

• Laisser refroidir 1 h avant de servir.

• Pour ajouter au plaisir, servir avec du coulis aux framboises ou de la crème anglaise (recettes à la page 156).

FOND DE NOISETTES

• 30 g (¼ tasse) de chapelure de pain
• 130 g (1 tasse) de noisettes entières, grillées
• 2 c. à soupe de beurre non salé, fondu
• 1 pincée de sel marin
• 1 c. à soupe de sucre de canne

GARNITURE

• 110 g (½ tasse) de chocolat noir, haché
• 140 g (½ tasse) de beurre non salé
• 95 g (⅓ tasse + 1 c. à soupe) de sucre de canne
• 3 œufs, battus
• 2 c. à soupe de liqueur de noisettes (type Frangelico)
• 12 noisettes entières, grillées

RECOMMANDATION DE JOSÉE

Aux amateurs de chocolat noir au goût prononcé, je suggère d'utiliser le chocolat Mangaro ou Los Anconès de Michel Cluizel. À ceux qui préfèrent le chocolat noir plus doux, je propose plutôt le chocolat mi-amer à 58 % de cacao de Barry.

Tarte bonheur à la ganache aux framboises

Portions : 6 à 8 • **Préparation :** 30 min • **Cuisson :** 45 min
Ustensile : moule rond de 20 cm (8 po) de diamètre ou rectangulaire
de 34 X 11 cm (13 ¼ x 4 ½ po), à fond amovible

INGREDIENTS
PRÉPARATION

FOND DE PÂTE SUCRÉE AU CHOCOLAT

- Le produit de notre recette de pâte sucrée au chocolat (page 14)

GANACHE AUX FRAMBOISES

- 550 g (4 ⅓ tasses) de framboises fraîches ou congelées
- 280 g (1 ½ tasse) de chocolat noir, haché

FOND DE PÂTE SUCRÉE AU CHOCOLAT

- Préchauffer le four à 180 °C (350 °F).

- Fariner la surface de travail, abaisser la pâte au rouleau à pâtisserie et foncer le moule ou déposer la boule de pâte au centre du moule, puis l'étaler uniformément avec les doigts à partir du centre jusqu'au haut du rebord du moule.

- Placer une feuille de papier sulfurisé sur la pâte et y déposer 400 g (2 tasses) de pois secs (cette opération a pour but de garder la pâte en place pendant la cuisson).

- Cuire le fond au four 30 min.

- Retirer les pois et le papier sulfurisé sur la croûte et poursuivre la cuisson encore 10 min.

- Retirer du four et laisser refroidir à température ambiante pendant environ 30 min.

GANACHE AUX FRAMBOISES

- Si des framboises congelées sont utilisées, les laisser d'abord décongeler à température ambiante.

- Au mélangeur, réduire les framboises en purée et filtrer celles-ci à la passoire pour enlever les graines.

- Dans une casserole moyenne, chauffer la purée de framboises à feu doux 10 min.

- Retirer la purée du feu, y verser les morceaux de chocolat et mélanger pour bien les fondre.

- Verser la préparation sur la croûte cuite et laisser reposer à température ambiante pendant 2 h.

- Décorer de framboises et de feuilles de menthe.

RECOMMANDATION DE JOSÉE

Pour bien mettre en valeur la saveur acidulée des framboises, je suggère fortement d'utiliser le chocolat noir de couverture Favorites mi-amère à 58 % de cacao de Cacao Barry, car il s'agit d'un accord parfait.

Tarte rhum-coco-ananas de tante Annette

Portions : 6 à 8 • **Préparation :** 40 min • **Cuisson :** 40 min
Ustensile : moule à tarte rond de 23 cm (9 po) en pyrex ou en céramique

Éric, mon coauteur du livre Pain, me parle souvent des tartes de sa mère et de certaines de ses tantes. Celle-ci est une version moderne d'une recette originale de sa tante Annette, qui avait créé cette tarte pour recevoir l'évêque à la maison – une visite très spéciale il va sans dire ! Les ananas frais étant peu accessibles à l'époque, de l'ananas en conserve était jadis utilisé par la tante d'Éric pour faire cette tarte. Les choses ayant changé, nous ne nous sommes évidemment pas fait prier pour vous en proposer une recette actualisée contenant de l'ananas frais.

FOND DE PÂTE BRISÉE

- Séparer la pâte brisée en deux et former deux boules bien rondes.*
- Fariner la surface de travail et abaisser une boule pour former une abaisse ronde de 30 cm (12 po) de diamètre.
- Foncer le moule à tarte avec l'abaisse.

GARNITURE

- Préchauffer le four à 220 °C (425 °F).
- Mélanger dans un bol les œufs et la cassonade.
- Bien presser la pulpe d'ananas entre les mains ou avec le dos d'une cuillère dans une passoire pour en extraire tout le jus – il est important d'extraire tout le jus de la pulpe pour bien réussir cette tarte.
- Ajouter la pulpe pressée ainsi que le reste des ingrédients au mélange d'œufs.
- Mêler le tout, verser dans l'abaisse et garnir des cerises.
- À l'aide d'un couteau, retirer le surplus de pâte autour du rebord du moule.
- Cuire au four sur la grille du bas 10 min.
- Baisser la température à 190 °C (375 °F) et poursuivre la cuisson environ 30 min sur la grille du centre.
- Refroidir 1 h au réfrigérateur afin de servir la tarte froide.

FOND DE PÂTE BRISÉE

- Le produit de notre recette de pâte brisée (page 10)

GARNITURE

- 3 œufs, battus
- 240 g (1 tasse) de cassonade
- 300 g (2 tasses) d'ananas frais, broyé grossièrement au robot de cuisine
- 15 ml (1 c. à soupe) de fécule de maïs
- 2 c. à café (2 c. à thé) d'extrait de vanille pur
- 3 c. à soupe de rhum
- 80 g (1 tasse) de noix de coco non sucrée, râpée
- 15 cerises, dénoyautées

* Comme cette recette ne requiert que la moitié du produit de notre recette de pâte brisée, conserver l'autre boule pour faire une autre tarte ou encore des nombrils-de-sœurs (recette à la page 146). Emballée dans de la pellicule plastique, la pâte se gardera facilement un mois au congélateur.

Tarte en fleur aux prunes

Portions : 6 à 8 • **Préparation :** 30 min • **Cuisson :** 40 min
Ustensile : plaque à biscuits

FOND DE PÂTE FEUILLETÉE

- Le produit de notre recette de pâte feuilletée rapide (page 16)

GARNITURE

- 16 à 20 petites prunes bleues ou 10 à 12 grosses prunes rouges, coupées en deux et dénoyautées
- 1 œuf, battu
- 3 c. à soupe de sucre de canne

FOND DE PÂTE FEUILLETÉE

- Séparer la pâte feuilletée en deux morceaux égaux.*
- Fariner la surface de travail et abaisser un des morceaux de pâte pour former une abaisse ronde de 33 cm (13 po) de diamètre.
- Placer l'abaisse sur la plaque et réserver.

GARNITURE

- Préchauffer le four à 180 °C (350 °F).
- Saupoudrer l'abaisse avec 1 c. à soupe de sucre.
- Entasser les moitiés de prunes en spirale sur l'abaisse en prenant soin de laisser une bordure de 5 cm (2 po).
- Replier le rebord de l'abaisse vers l'intérieur.
- Badigeonner le dessus de la pâte repliée avec l'œuf battu et saupoudrer toute la tarte avec 2 c. à soupe de sucre.
- Cuire de 30 à 40 min, jusqu'à ce que la croûte soit dorée, laisser refroidir et servir.

NOTE GOURMANDE

Pour une expérience encore plus exquise, servir cette tarte flambée à l'eau-de-vie aux prunes.

---

* Comme cette recette ne requiert que la moitié du produit de notre recette de pâte feuilletée rapide, conserver l'autre morceau de pâte pour faire une autre tarte ou encore des bâtonnets de palmier ou des apéros au sésame (recettes à la page 146). Emballée dans de la pellicule plastique, la pâte se gardera facilement un mois au congélateur.

Tarte veloutée aux pêches et aux poires

Portions : 6 à 8 • **Préparation :** 40 min • **Cuisson :** 1 h
Ustensile : moule à tarte rond de 23 cm (9 po) en pyrex ou en céramique

Je qualifie cette tarte de double velours. Le merveilleux mariage de la pêche et de la poire est d'une douceur soyeuse en bouche.

GARNITURE

- Dans un bol, bien mélanger tous les ingrédients et laisser reposer.

FOND DE PÂTE BISCUIT

- Préchauffer le four à 180 °C (350 °F).
- Déposer la boule de pâte au centre du moule, puis l'étaler uniformément avec les doigts à partir du centre jusqu'au haut du rebord du moule.
- Placer une feuille de papier sulfurisé sur la pâte et y déposer 400 g (2 tasses) de pois secs (cette opération a pour but de garder la pâte en place pendant la cuisson).
- Cuire le fond au four environ 10 min sur la grille du bas.
- Retirer du four, enlever les pois et le papier sulfurisé.
- Verser ensuite le mélange de fruits dans l'abaisse.
- Cuire au four de 50 à 60 min, jusqu'à ce que la croûte soit dorée.
- Laisser refroidir avant de servir.

FINITION OPTIONNELLE

- Chauffer la gelée de pommes sans la faire bouillir.
- Badigeonner le dessus de la tarte à sa sortie du four, ce qui lui donnera une apparence plus lustrée.

GARNITURE

- 4 pêches moyennes, pelées et coupées en cubes de 2 cm (¾ po)
- 3 grosses poires Bartlett, pelées et coupées en cubes de 2 cm (¾ po)
- 80 g (⅓ tasse) de sucre de canne
- 2 c. à soupe de fécule de maïs

FOND DE PÂTE BISCUIT

- Le produit de notre recette de pâte biscuit (page 15)

FINITION OPTIONNELLE

- 2 c. à soupe de gelée de pommes du commerce

CONSEIL DE DOMINIQUE
Préparez la garniture avant la pâte. Le temps de faire cette dernière permettra au sucre, à la fécule de maïs et aux fruits de la garniture de mieux s'amalgamer avant la cuisson.

Tarte aux abricots de Henri

Portions : 6 à 8 • **Préparation :** 20 min • **Cuisson :** 65 min
Ustensile : moule à tarte rond de 23 cm (9 po) en pyrex ou en céramique

FOND DE PÂTE BISCUIT
- Le produit de notre recette de pâte biscuit (page 15)

GARNITURE
- 13 abricots frais, coupés en deux et dénoyautés
- 2 c. à soupe de sucre de canne

Voici la tarte qui m'a inspiré l'idée de ce livre et a engendré mon inoubliable aventure dans l'univers de la tarterie. Comme j'en fais mention dans le texte sur la pâte biscuit à la page 15, c'est Henri Marsand, un proche de ma famille et mentor à sa façon pour moi, qui m'a montré comment la faire. Facile à réaliser et extrêmement savoureuse, elle est pour moi un must pendant la saison des abricots. Profitez de celle-ci pour vous en régaler, car vous ne pourrez qu'en rêver pendant le reste de l'année en attendant impatiemment la prochaine récolte. Un coup de cœur incontestable !

FOND DE PÂTE BISCUIT
- Préchauffer le four à 180 °C (350 °F).
- Déposer la boule de pâte au centre du moule, puis l'étaler uniformément avec les doigts à partir du centre jusqu'au haut du rebord du moule.
- Placer une feuille de papier sulfurisé sur la pâte et y déposer 400 g (2 tasses) de pois secs (cette opération a pour but de garder la pâte en place pendant la cuisson).
- Précuire le fond de tarte au four 10 min, retirer les pois et le papier sulfurisé, puis réserver.

GARNITURE
- Disposer les moitiés d'abricot sur le fond de tarte en spirale, à partir du bord jusqu'au centre en les faisant chevaucher, côté bombé vers l'extérieur.
- Cuire environ 45 min à 180 °C (350 °F), jusqu'à ce que la croûte soit bien dorée.
- Retirer du four et saupoudrer de sucre.
- Passer sous le gril du four de 1 à 2 min pour fondre le sucre légèrement.

NOTE GOURMANDE
Le goût sera à son meilleur en utilisant du sucre vanillé pour la finition (recette à la page 169).

Tarte fine aux pêches

Portions : 6 à 8 • **Préparation :** 30 min • **Cuisson :** 40 min
Ustensile : plaque à biscuits

J'adore les tartes fines ! J'apprécie leur délicieuse simplicité : très peu de pâte et beaucoup de fruits. Avec elles, chaque bouchée se transforme en une véritable explosion de saveur qui laisse toute la place au goût du fruit utilisé. Au fil des récoltes de saison, il est facile de créer une grande variété de tartes fines. Si la plus commune est la tarte fine aux pommes, c'est un régal d'explorer les nombreuses autres possibilités. Alors, allez-y gaiement !

FOND DE PÂTE FEUILLETÉE

- Séparer la pâte feuilletée en deux morceaux égaux.*
- Fariner la surface de travail et abaisser un des morceaux de pâte pour former une abaisse rectangulaire de 30 x 35 cm (12 x 14 po).
- Placer l'abaisse sur la plaque, la piquer avec une fourchette et réserver.

GARNITURE

- Préchauffer le four à 200 °C (400 °F).
- Saupoudrer la moitié du sucre sur l'abaisse.
- Placer les quartiers de pêches en les superposant les uns sur les autres en quinconce.
- Saupoudrer avec le reste du sucre.
- Cuire au four sur la grille du bas de 30 à 40 min.
- Servir avec du coulis aux framboises ou de la sauce au caramel (recettes à la page 156).

VARIANTES DE SAISON

Outre les pêches, les tartes fines peuvent être faites avec plusieurs fruits différents selon la saison. Des pommes, des poires, des nectarines, des abricots ou des cerises, par exemple.

---

* Comme cette recette ne requiert que la moitié du produit de notre recette de pâte feuilletée rapide, conserver l'autre morceau de pâte pour faire une autre tarte ou encore des bâtonnets de palmier ou des apéros au sésame (recettes à la page 146). Emballée dans de la pellicule plastique, la pâte se gardera facilement un mois au congélateur.

FOND DE PÂTE FEUILLETÉE

- Le produit de notre recette de pâte feuilletée rapide (page 16)

GARNITURE

- 60 g (¼ tasse) de sucre de canne
- 8 pêches, dénoyautées et coupées en huit

> **CONSEIL DE DOMINIQUE**
> Choisissez seulement des fruits à chair ferme pour faire cette tarte. Les fruits à chair tendre, tels que les fraises, les framboises, les mûres et le melon, se prêtent moins bien à cette recette, car ils contiennent trop d'eau.

Tarte aux pommes sur nid de compote

Portions : 6 à 8 • **Préparation :** 50 min • **Cuisson :** 1 h
Ustensile : moule cannelé rond à fond amovible de 23 cm (9 po)

INGRÉDIENTS

FOND DE PÂTE FEUILLETÉE
- Le produit de notre recette de pâte feuilletée rapide (page 16)

COMPOTE DE POMMES
- 4 pommes McIntosh moyennes, évidées, pelées et coupées en morceaux
- 60 g (¼ tasse) de beurre non salé
- 60 g (¼ tasse) de sucre de canne

GARNITURE
- 6 pommes Cortland, Empire, Golden ou Lobo moyennes, évidées, pelées et tranchées finement
- 1 c. à soupe de beurre non salé, fondu
- 1 c. à soupe de sucre de canne

PRÉPARATION

FOND DE PÂTE FEUILLETÉE
- Séparer la pâte feuilletée en deux morceaux égaux.*
- Fariner la surface de travail et abaisser un des morceaux de pâte pour former une abaisse ronde de 28 cm (11 po) de diamètre.
- Foncer le moule à tarte avec l'abaisse en prenant soin de ne pas étirer la pâte.
- Presser la pâte dans les cannelures du moule et la piquer avec une fourchette.
- Retirer l'excédent de pâte.

COMPOTE DE POMMES
- Dans une grande casserole, à feu moyen, compoter les pommes avec le beurre et le sucre jusqu'à ce qu'elles soient cuites. Le temps de cuisson peut varier selon les pommes (compter environ 30 min).
- Laisser refroidir à température ambiante.

GARNITURE
- Préchauffer le four à 190 °C (375 °F).
- Étendre la compote sur l'abaisse.
- Disposer les pommes en spirale de façon à couvrir tout le fond et à former un monticule au centre.
- Badigeonner de beurre fondu et saupoudrer de sucre.
- Cuire au four sur la grille du bas environ 1 h.
- Servir avec de la crème anglaise (recette à la page 156).

> ### CONSEILS DE DOMINIQUE
> Si vous utilisez des pommes Cortland, Empire, Golden ou Lobo pour la compote, écrasez-les pendant la cuisson afin d'obtenir une compote plus lisse.
>
> Pour un goût plus prononcé de caramel, laissez compoter les pommes 15 min de plus.

---

* Comme cette recette ne requiert que la moitié du produit de notre recette de pâte feuilletée rapide, conserver l'autre morceau de pâte pour faire une autre tarte ou encore des bâtonnets de palmier ou des apéros au sésame (recettes à la page 146). Emballée dans de la pellicule plastique, la pâte se gardera facilement un mois au congélateur.

Tarte-biscuit aux framboises

Portions : 6 à 8 • **Préparation :** 15 min • **Cuisson :** 40 min
Ustensile : plaque à biscuits

Un grand coup de cœur ! Cette tarte est un succulent exemple de ce qu'on peut créer lorsqu'on s'amuse à tenter des expériences et à cuisiner différemment pour sortir des sentiers battus. Régal absolu, ce gros biscuit débordant de framboises fraîches fait l'unanimité. Les adeptes de biscuits en raffolent, à commencer par mon amie Diane dont c'est incontestablement la tarte préférée.

FOND DE PÂTE BISCUIT

- Préchauffer le four à 180 °C (350 °F).
- Chemiser la plaque à biscuits de papier sulfurisé.
- Déposer la boule de pâte au centre de la plaque, puis l'étaler uniformément du centre vers l'extérieur de façon à lui donner une forme ovale d'environ 30 x 15 cm (12 x 6 po).
- Précuire au four 10 min.
- Badigeonner le dessus de la pâte avec la moitié de l'œuf battu en prenant bien soin d'aller jusqu'au rebord.
- Remettre au four 3 min.

GARNITURE

- Garnir la pâte biscuit précuite avec les framboises en laissant une bordure non garnie d'environ 2,5 cm (1 po) tout le tour.
- Saupoudrer le sucre sur les framboises et la bordure.
- Cuire au four de 25 à 30 min, jusqu'à ce que la croûte soit bien dorée.

VARIANTES AUX BLEUETS OU AUX RAISINS

- Remplacer les framboises par des bleuets ou des raisins frais, les enfoncer dans la pâte précuite et cuire.
- Badigeonner d'une gelée de pommes chaude à la sortie du four.

FOND DE PÂTE BISCUIT

- Le produit de notre recette de pâte biscuit (page 15)
- 1 œuf, battu

GARNITURE

- 250 g (2 tasses) de framboises fraîches
- 2 c. à soupe de sucre de canne

Tarte aux pommes et aux canneberges

Portions : 8 • **Préparation :** 30 min • **Cuisson :** 50 min
Ustensile : plaque à biscuits

FOND DE PÂTE À BALLUCHON

- 150 g (1 tasse) de farine non blanchie
- ⅛ c. à café (⅛ c. à thé) de levure chimique (poudre à pâte)
- ¼ c. à café (¼ c. à thé) de sel marin
- 60 g (¼ tasse) de beurre non salé, mou
- 1 œuf, battu

GARNITURE

- 3 grosses pommes Cortland, Empire, Golden ou Lobo, évidées, pelées et coupées en dés
- 100 g (¾ tasse) de canneberges fraîches ou congelées
- 60 g (¼ tasse) + 1 c. à soupe de sucre de canne
- 1 ½ c. à soupe de farine non blanchie
- 1 pincée de sel marin
- 1 œuf, battu
- 250 ml (1 tasse) de crème sure 14 %
- 1 c. à café (1 c. à thé) d'extrait de vanille pur

FOND DE PÂTE À BALLUCHON

- Dans un grand bol, tamiser la farine et la levure chimique ensemble.
- Ajouter le sel et le beurre, puis sabler le tout.
- Ajouter l'œuf et mélanger pour former une boule.
- Envelopper d'une pellicule plastique et réfrigérer 30 min.
- Sur une surface de travail farinée, abaisser la pâte en un rond d'environ 40 cm (16 po) de diamètre.
- Chemiser la plaque à biscuits de papier sulfurisé, y étaler la pâte et réserver.

GARNITURE

- Préchauffer le four à 200 °C (400 °F).
- Parer les fruits afin de pouvoir les répartir rapidement sur la préparation.
- Dans un grand bol, mélanger 60 g (¼ tasse) de sucre et tous les ingrédients, sauf les pommes et les canneberges.
- Verser la préparation sur la pâte en laissant un contour non garni de 5 cm (2 po).
- Disposer les fruits d'abord en ceinturant la préparation afin de la retenir, puis en recouvrant ensuite celui-ci.
- Replier le surplus de pâte, badigeonner d'eau le dessus de celle-ci et saupoudrer de 1 c. à soupe de sucre.
- Cuire au centre du four 10 min.
- Baisser la température du four à 180 °C (350 °F) et poursuivre la cuisson 40 min ou jusqu'à ce que la garniture se tienne.
- Laisser refroidir sur une grille.
- Servir avec de la sauce au caramel (recette à la page 156).

Tarte au fromage au léger parfum d'orange

Portions : 8 à 10 • **Préparation :** 20 min • **Cuisson :** 40 min
Ustensile : moule à charnière rond de 23 cm (9 po)

FOND DE CHAPELURE DE PÂTE SUCRÉE (À PRÉPARER LA VEILLE)

• Dans un bol, mélanger à la main le beurre et la chapelure jusqu'à la formation d'une pâte.

• Foncer le fond du moule avec la préparation en prenant soin de bien tasser la chapelure (ne pas foncer le rebord).

CRÈME AU FROMAGE AU LÉGER PARFUM D'ORANGE

• Préchauffer le four à 180 °C (350 °F).

• Au malaxeur, battre le fromage à la crème jusqu'à ce qu'il soit lisse.

• Incorporer ensuite le sucre, le zeste, le fromage mascarpone et les œufs battus, puis bien mélanger.

• Étendre la préparation sur le fond.

• Cuire au four environ 40 min ou jusqu'à ce que le dessus commence à brunir autour du moule.

• Sortir du four, laisser reposer 5 min, puis retirer le cercle à charnière autour de la tarte.

• Réfrigérer, puis décorer avec des fruits frais ou servir avec du coulis de framboises (recette à la page 156).

FOND DE CHAPELURE DE PÂTE SUCRÉE

• 60 g (¼ tasse) de beurre non salé, fondu

• 500 g (2 tasses) de chapelure de pâte sucrée (recette à la page 14)

CRÈME AU FROMAGE AU LÉGER PARFUM D'ORANGE

• 355 g (1 ½ tasse) de fromage à la crème (type Philadelphia) à température ambiante

• 130 g (½ tasse) de sucre de canne

• Zeste d'une orange

• 555 g (2 ½ tasses) de fromage mascarpone

• 2 œufs, battus

CONSEIL DE DOMINIQUE
À la sortie du four, passez un couteau fin entre la tarte et le moule, puis attendez 5 min avant d'enlever la charnière. Cela empêchera le rebord de coller et le milieu de s'affaisser.

Clafoutis

- 500 g (2 ½ tasses) de cerises fraîches entières, lavées et équeutées pour couvrir le fond du moule
- 4 œufs moyens, battus
- 130 g (½ tasse) de sucre de canne
- 75 g (⅓ tasse + 2 c. à soupe) de farine non blanchie
- Une pincée de sel marin
- 50 g (⅓ tasse) de beurre non salé, fondu
- 250 ml (1 tasse) de lait, chaud

FINITION OPTIONNELLE
- 2 c. à soupe de sucre de canne

Cette spécialité de la région du Limousin en France évoque de bons souvenirs d'adolescence chez moi. À l'époque, j'allais passer du temps chez des amis de la famille à Avignon, où nous allions récolter des cerises pour faire le clafoutis. À mon grand étonnement, mes hôtes le faisaient en laissant les noyaux dans les cerises ! Ils m'expliquèrent alors que les noyaux étaient nécessaires pour l'arôme et qu'un clafoutis sans noyau n'en était pas un vrai. Ça m'est resté. Aujourd'hui, mes enfants me demandent parfois d'enlever les noyaux lorsque je fais ce dessert à la maison et je me laisse de temps à autre convaincre pour leur faire plaisir. Si le résultat demeure délicieux, je ne peux m'empêcher chaque fois de me dire que ce n'est pas un vrai clafoutis.

- Préchauffer le four à 180 °C (350 °F) et beurrer le moule.
- Déposer les cerises au fond du moule en prenant soin de couvrir toute la surface.
- Mélanger doucement les œufs au fouet en ajoutant le sucre peu à peu.
- Incorporer ensuite graduellement la farine et le sel, toujours en mélangeant au fouet.
- Ajouter le beurre fondu et le lait et bien mélanger jusqu'à consistance lisse.
- Verser la préparation sur les cerises et cuire au four de 30 à 40 min. Pour vérifier la cuisson, insérer un cure-dent dans le clafoutis ; s'il en ressort propre, la cuisson est parfaite.

FINITION OPTIONNELLE
- Une fois le clafoutis cuit, le saupoudrer de sucre et le passer sous le gril du four de 1 à 2 min.
- Laisser refroidir à température ambiante et servir.

NOTE GOURMANDE
Le goût sera à son meilleur en utilisant du sucre vanillé pour la finition (recette à la page 169).

Tarte Lady Marmelade

Portions : 8 • **Préparation :** 1 h • **Cuisson :** 1 h
Ustensile : moule à tarte rond peu profond de 23 cm (9 po) en pyrex
ou en céramique

FOND DE PÂTE BRISÉE

- Séparer la pâte brisée en deux et former deux boules bien rondes.
- Fariner la surface de travail et abaisser chaque boule pour former deux abaisses rondes de 28 cm (11 po) de diamètre.
- Foncer le moule à tarte avec la première abaisse.
- Plier la deuxième abaisse en deux, y faire des incisions à l'aide d'un couteau et réserver.

GARNITURE

- Préchauffer le four à 200 °C (400 °F).
- Prélever les suprêmes des oranges (méthode à la page 160).
- Peler la lime à vif et la couper en fines tranches.
- Couper le citron non pelé en fines tranches (il importe que sa peau soit mince).
- Mélanger les agrumes avec 200 g (1 tasse) de sucre, les œufs et la vanille.
- Verser dans l'abaisse et réserver.
- Badigeonner d'eau le rebord de la pâte, couvrir de l'autre abaisse et retirer le surplus de pâte à l'aide d'un couteau.
- Festonner le rebord en pinçant la pâte avec les doigts.
- Badigeonner d'eau le dessus de la tarte et le saupoudrer de 2 c. à soupe de sucre.
- Cuire au four sur la grille du bas 15 min.
- Baisser la température du four à 180 °C (350 °F) et poursuivre la cuisson encore 30 min sur la grille du centre ou jusqu'à ce que la croûte soit bien dorée.
- Laisser refroidir avant de servir.

FOND DE PÂTE BRISÉE

- Le produit de notre recette de pâte brisée (page 10)

GARNITURE

- 2 oranges navels sans pépins
- 1 lime
- 1 citron Meyer ou 1 citron à peau mince
- 200 g (1 tasse) + 2 c. à soupe de sucre de canne
- 4 œufs, battus
- 2 c. à café (2 c. à thé) d'extrait de vanille pur

Tarte-crêpe aux poires et à la muscade

Portions : 6 à 8 • **Préparation :** 30 min • **Cuisson :** 30 min
Ustensile : poêle de 23 cm (9 po) en fonte de préférence ou
autre type de poêle allant au four

PÂTE À CRÊPES

- 60 g (⅓ tasse) de farine non blanchie
- ½ c. à café (½ c. à thé) de levure chimique (poudre à pâte)
- 1 c. à soupe de sucre de canne
- Une pincée de sel marin
- Une pincée de noix de muscade râpée
- 4 œufs, légèrement battus
- 250 ml (1 tasse) de lait
- 2 c. à soupe de beurre non salé, fondu
- 1 c. à café (1 c. à thé) d'extrait de vanille pur

GARNITURE

- 1 c. à soupe de beurre non salé
- 95 g (⅓ tasse + 1 c. à soupe) de sucre de canne
- 4 poires Bosc ou Bartlett, évidées, pelées et coupées en quartiers
- ½ c. à café (½ c. à thé) de muscade moulue

FINITION OPTIONNELLE

- 1 c. à soupe de sucre glace

PÂTE À CRÊPE

- Dans un bol, mélanger la farine, la levure chimique, le sucre, le sel et la muscade.
- Dans un autre bol, fouetter les œufs, le lait, le beurre et la vanille.
- Incorporer le mélange d'œufs au mélange de farine et battre jusqu'à l'obtention d'une pâte lisse, sans grumeaux.
- Laisser reposer au réfrigérateur 30 min.

GARNITURE

- Préchauffer le four à 200 °C (400 °F).
- Beurrer le fond et les côtés de la poêle.
- Saupoudrer le fond de la poêle avec 85 g (⅓ tasse) de sucre.
- Déposer les quartiers de poires dans le fond de la poêle.
- Saupoudrer avec le reste du sucre et la muscade moulue.
- Sur la cuisinière, cuire à feu moyen 5 min.
- En laissant la poêle sur le feu allumé, ajouter délicatement le mélange à crêpes sur les poires – celui-ci commencera aussitôt à cuire et fera des bulles sur le côté.
- Cuire au four environ 15 min.
- Réduire la température du four à 180 °C (350 °F) et poursuivre la cuisson 15 min ou jusqu'à ce que le centre soit cuit. La cuisson est parfaite lorsqu'un cure-dent inséré dans la pâte en ressort propre.

FINITION OPTIONNELLE

- Saupoudrer avec le sucre glace et servir.
- Pour une délectation totale, servir la tarte fraîchement cuite à même la poêle, accompagnée de crème fraîche ou de crème anglaise (recette à la page 156).

Tarte aux raisins à la poêle

Portions : 6 à 8 • **Préparation :** 20 min • **Cuisson :** 45 min • **Réfrigération :** 1 h
Ustensile : poêle de 23 cm (9 po) de diamètre, en fonte de préférence

Voici une tarte qui puise son inspiration dans la pâte à cannelé bordelais. Sa croûte croustillante qui se forme à la cuisson et sa garniture moelleuse comme un flan caramélisé, recouverte de raisins juteux, en font un dessert des plus originaux.

- Dans une casserole, chauffer le lait avec la vanille et 60 g (¼ tasse) de beurre jusqu'à ébullition.
- Mélanger avec un fouet la farine et le sucre, puis incorporer les œufs et le rhum au mélange.
- Verser le lait bouillant sur le mélange.
- Brasser doucement afin d'obtenir une pâte lisse comme une pâte à crêpes.
- Laisser refroidir au réfrigérateur pendant 1 h.
- Préchauffer le four à 200 °C (400 °F).
- Dans une poêle très chaude, faire fondre 1 c. à soupe de beurre.
- Verser aussitôt graduellement la pâte à crêpes dans la poêle et cuire 1 minute.
- Répartir les raisins sur toute la surface de la pâte.
- Poursuivre la cuisson au four, sur la grille du bas, pendant 45 à 55 min.
- Servir la tarte chaude, dans la poêle.
- Pour une délectation totale, servir la tarte fraîchement cuite à même la poêle, accompagnée de crème fraîche ou de crème anglaise (recette à la page 156).

VARIANTE AUX ANANAS
Remplacer les raisins par des morceaux d'ananas frais.

INGRÉDIENTS

- 250 ml (1 tasse) de lait
- 1 c. à café (1 c. à thé) d'extrait de vanille pur
- 75 g (¼ de tasse + 1 c. à soupe) de beurre non salé
- 40 g (¼ tasse) de farine non blanchie
- 100 g (½ tasse + 1 c. à soupe) de sucre glace
- 2 œufs, battus
- 1 c. à soupe de rhum ou de brandy
- 270 g (2 tasses) de raisins blancs ou rouges sans pépins

CONSEIL DE DOMINIQUE
Pour réussir cette tarte,
il est très important que la poêle
soit très chaude avant d'y fondre
le beurre, d'où la recommandation
d'utiliser une poêle en fonte.
La pâte doit frémir au contact
de la poêle. De plus, avec la fonte,
la tarte continue à cuire à la sortie
du four, ce qui la garde chaude
et savoureuse.

Tarte tatin tentante

Portions : 6 • **Préparation :** 45 min • **Cuisson :** 3 h 15
Ustensile : poêle de 25 cm (10 po) de diamètre allant au four

INGRÉDIENTS

FOND DE PÂTE FEUILLETÉE
- Le produit de notre recette de pâte feuilletée rapide (page 16)

GARNITURE
- 2 c. à soupe de beurre non salé à température ambiante
- 95 g (⅓ tasse + 1 c. à soupe) de sucre de canne
- 10 à 12 pommes Cortland, Empire, Golden ou Lobo moyennes, évidées, pelées et coupées en deux

CONSEILS DE DOMINIQUE

Il est important de ne pas laisser le caramel trop cuire afin qu'il n'ait pas un goût amer. Pour plus d'information à ce sujet, consultez la rubrique sur le caramel à la page 160.

La texture de la tarte sera très différente si vous utilisez d'autres sortes de pommes que les Cortland, Empire, Golden ou Lobo, d'autant plus que cela pourrait entraîner une variation du temps de cuisson.

Si à la sortie du four la pâte est trop gonflée, déposez une assiette dessus en exerçant une légère pression. Retirez ensuite l'assiette, puis démoulez la tarte 30 à 45 min après.

PRÉPARATION

FOND DE PÂTE FEUILLETÉE
- Séparer la pâte feuilletée en quatre morceaux égaux.*
- Fariner la surface de travail, abaisser un des morceaux de pâte pour former une abaisse ronde de 28 cm (11 po) de diamètre et réserver.

GARNITURE
- Préchauffer le four à 160 °C (325 °F).
- Cuire le beurre et le sucre dans la poêle à feu moyen-vif jusqu'à formation d'un caramel.
- Laisser tiédir le caramel, puis y disposer les moitiés de pommes debout, très serrées les unes contre les autres, les côtés bombés dans les côtés creux.
- Enfourner et cuire 2 h 30.
- Retirer du four et augmenter la température à 200 °C (400 °F).
- Couvrir les pommes avec l'abaisse et replier les bords vers l'intérieur de la poêle.
- Cuire encore 30 à 45 min, jusqu'à ce que la pâte soit bien cuite.
- Laisser refroidir de 30 à 45 min à température ambiante.
- Déposer une assiette de service plus grande que la poêle sur celle-ci, puis retourner rapidement pour démouler.
- Servir telle quelle ou avec de la crème fraîche.

* Comme cette recette ne requiert que le quart du produit de notre recette de pâte feuilletée rapide, conserver les trois autres morceaux de pâte pour faire d'autres tartes ou encore des bâtonnets de palmier ou des apéros au sésame (recettes à la page 146). Emballée dans de la pellicule plastique, la pâte se gardera facilement un mois au congélateur.

Tarte au citron meringuée

Portions : 6 à 8 • **Préparation :** 50 min • **Cuisson :** 45 min
Ustensile : moule à tarte cannelé rond à fond amovible de 20 cm (8 po)

FOND DE PÂTE SUCRÉE

• Préchauffer le four à 180 °C (350 °F).

• Fariner la surface de travail, abaisser la pâte au rouleau à pâtisserie et foncer le moule ou déposer la boule de pâte au centre du moule, puis l'étaler uniformément avec les doigts à partir du centre jusqu'au haut du rebord du moule.

• Placer une feuille de papier sulfurisé sur la pâte et y déposer 500 ml (2 tasses) de pois secs (cette opération a pour but de garder la pâte en place pendant la cuisson).

• Cuire le fond de tarte au four 30 min.

• Retirer les pois et le papier sulfurisé sur la croûte et poursuivre la cuisson encore 15 min ou jusqu'à ce que la croûte soit cuite à cœur et bien dorée.

• Retirer du four et laisser refroidir à température ambiante pendant environ 30 min.

CRÈME AU CITRON

• Dans une casserole, faire bouillir le jus de citron.

• Laisser gonfler la gélatine dans 1 c. à soupe d'eau froide pendant 5 min.

• Au fouet, battre les jaunes d'œufs et le sucre jusqu'au blanchiment du mélange.

• Ajouter le jus de citron bouillant et bien mélanger.

• Remettre le mélange dans la casserole et cuire à feu moyen-vif en remuant sans arrêt avec le fouet jusqu'à ébullition.

• Arrêter la cuisson, incorporer la gélatine et le beurre, puis émulsionner le tout avec un mixeur plongeant.

• Verser la préparation sur le fond de tarte cuit et refroidir au réfrigérateur.

FOND DE PÂTE SUCRÉE

• Le produit de notre recette de pâte sucrée (page 13)

CRÈME AU CITRON

• 250 ml (1 tasse) de jus de citron, fraîchement pressé
• ½ sachet de 7 g (1 c. à café) de gélatine
• 4 jaunes d'œufs
• 130 g (½ tasse) de sucre de canne
• 140 g (½ tasse) de beurre non salé

CONSEILS DE DOMINIQUE

Le mélange de blancs d'œufs et de sucre ne doit pas bouillir, car il ne montera pas lorsque vous le battrez au malaxeur.

Il est préférable de consommer la tarte au citron meringuée le jour même. La meringue aura tendance à fondre et à laisser de l'eau sur la tarte après quelques heures. Vous pouvez toutefois préparer la tarte à la crème au citron à l'avance (elle se conserve facilement quelques jours au réfrigérateur) et ne faire la meringue qu'au moment de la servir.

MERINGUE SUISSE

- 4 blancs d'œufs
- 130 g (½ tasse) de sucre de canne

MERINGUE SUISSE

- Faire bouillir de l'eau dans une casserole pouvant servir de base de bain-marie à un cul-de-poule.
- Mettre les blancs d'œufs et le sucre dans le cul-de-poule, plonger celui-ci dans l'eau qui bout de façon à reproduire un bain-marie et fouetter constamment les ingrédients.
- Lorsque le mélange commence à être consistant et chaud au toucher, le retirer du feu – il ne doit pas bouillir.
- Au malaxeur, battre le mélange chaud jusqu'à la formation de pics fermes.
- Couvrir entièrement la crème au citron avec le mélange à meringue chaud.
- Passer sous le gril du four environ 2 min en surveillant bien la meringue afin qu'elle ne brûle pas (ça peut se produire rapidement).
- Servir avec du coulis de framboises (recette à la page 156).

Croustade aux pommes de ma grand-mère

Portions : 6 à 8 • **Préparation :** 15 min • **Cuisson :** 40 min
Ustensile : moule profond rond de 23 cm (9 po),
carré de 20 x 20 cm (8 x 8 po) ou rectangulaire de 20 x 30 cm (8 x 12 po)

GARNITURE DE POMMES

- 8 pommes (ou plus si nécessaire) Cortland, Empire, Golden ou Lobo de préférence, évidées, pelées et coupées en huit
- 2 c. à soupe de sucre de canne

CROUSTADE DE MA GRAND-MÈRE

- 140 g (½ tasse) de beurre non salé, mou
- 240 g (1 tasse) de cassonade
- 175 g (1 tasse + 3 c. à soupe) de farine non blanchie

La sélection des recettes du livre est terminée. Je suis à la maison, par un jour de congé ensoleillé. Je bavarde du livre et d'autres choses dans le jardin avec ma mère lorsque ma fille me dit qu'elle a faim et me demande de lui faire une tarte – évidemment ! Il fait chaud et j'avoue ne pas avoir très envie de m'enfermer dans la maison par une si belle journée. Ma mère me lance alors l'idée de lui faire une croustade. Quelle bonne idée ! Quinze minutes et c'est dans le four ! Moi qui ai notamment grandi avec les croustades de fruits de saison de ma mère et de ma grand-mère, je réalise alors que j'avais oublié cette très proche parente des tartes pour le livre. Dès le lendemain, j'ai convaincu toute l'équipe de l'y ajouter. Au nom de mes souvenirs d'enfance et de ceux de bien d'autres gens, j'en suis certaine.

GARNITURE DE POMMES

- Répartir les pommes dans le fond du moule afin de bien couvrir toute la surface.
- Saupoudrer avec le sucre.

CROUSTADE DE MA GRAND-MÈRE

- Préchauffer le four à 180 °C (350 °F).
- Avec les mains, mélanger le beurre et la cassonade.
- Ajouter la farine et mélanger avec une cuillère de bois de manière à laisser des grumeaux.
- Verser sur les fruits.
- Cuire de 30 à 40 min, jusqu'à ce que les fruits soient cuits et que la croustade soit bien dorée.
- Servir arrosée de crème fraîche ou garnie d'une boule de crème glacée à la vanille.

VARIANTES DE SAISON

En plus des pommes, cette croustade est savoureuse avec tous les fruits de saisons : fraises, framboises, bleuets, pêches, abricots, poires, etc. Vous pouvez évidemment aussi mélanger les fruits, selon votre fantaisie.

T A R T E S   F R A Î C H E U R

Tous les gens qui me connaissent vous le confirmeront, j'ai un côté « grano » bien assumé. J'ai un parti pris total pour les produits frais et de saison, les aliments naturels et les ingrédients sains. Je me préoccupe de ma santé et ça se reflète sans conteste dans mon approche de la cuisine. Et si Dominique et moi nous entendons si bien ensemble, c'est qu'en plus de nous rejoindre dans notre folie alimentaire, il partage ce côté avec moi. Toutes les tartes de cette section expriment de diverses manières ce côté « grano »… avec quelques paradoxes gourmands en prime ! Car, oui, je le confesse, il y en a. Vous trouverez donc des délinquants tels que la crème pâtissière, le caramel ou la crème d'amande parmi cet univers de fonds au tofu ou aux noix et de garnitures de fruits de saison, de ricotta et de sésame ou autres de notre cru et de celui de gens de notre entourage qui y ont contribué de façon fort exquise. Bref, une section qui, je le souhaite, vous démontrera à quel point l'approche « grano » possède aussi une belle - et bonne ! - nature festive.

Tarte aux fraises et aux amandes sur fond moelleux de pain perdu

Portions : 8 à 10 • **Préparation :** 30 min • **Cuisson :** 1 h
Ustensile : moule à tarte rond de 23 cm (9 po) en pyrex ou en céramique

FOND DE PAIN PERDU

- Préchauffer le four à 180 °C (350 °F).
- Dans un bol, battre ensemble le lait chaud, le sucre et les œufs.
- Laisser bien imbiber les tranches de pain dans la préparation aux œufs.
- Beurrer le moule et tapisser le fond avec les cinq tranches de pain imbibées de la préparation aux œufs.
- Cuire au four pendant 25 min.

CRÈME D'AMANDE

- Dans un bol, avec une spatule, mélanger le beurre et le sucre jusqu'à l'obtention d'une crème jaune pâle, puis ajouter l'œuf battu.
- Incorporer ensuite le reste des ingrédients et bien mélanger. Verser la préparation sur le fond de pain perdu cuit et poursuivre la cuisson au four pendant 35 min.

GARNITURE AUX FRAISES

- Tartiner le dessus de la tarte avec la confiture.
- Garnir avec les fraises.

FINITION OPTIONNELLE

Saupoudrer la tarte avec du sucre glace à l'aide d'un tamis ou la recouvrir de gelée de pommes chaude ou d'un nappage au miel pour lui donner une belle luisance (recette à la page 167).

NOTE GOURMANDE

Servir cette tarte tiède, avec de la chantilly, du coulis aux fraises ou de la crème anglaise (recettes à la page 156).

INGRÉDIENTS

FOND DE PAIN PERDU

- 250 ml (1 tasse) de lait chaud
- 60 g (¼ tasse) de sucre d'érable ou de canne
- 2 œufs
- 5 tranches minces de pain blanc ou de campagne de la veille
- 2 c. à café (2 c. à thé) de beurre non salé

CRÈME D'AMANDE

- 140 g (½ tasse) de beurre non salé, mou
- 80 g (⅓ tasse) de sucre de canne
- 1 œuf, battu
- 40 g (¼ tasse) de farine non blanchie
- 130 g (1 ¼ tasse) de poudre d'amande
- 35 g (⅓ tasse) de pacanes, grillées et concassées

GARNITURE AUX FRAISES

- 3 c. à soupe de confiture de fraises
- 320 g (2 tasses) de fraises fraîches

Tarte aux bleuets sur croûte craquante aux amandes

Portions : 6 à 8 • **Préparation :** 30 min • **Cuisson :** 40 min
Ustensile : plaque à biscuits

FOND D'AMANDES ET DE FLOCONS D'AVOINE

- 150 g (1 tasse) d'amandes entières
- 100 g (1 tasse) de flocons d'avoine
- ¼ c. à café (¼ c. à thé) de sel marin
- 2 c. à soupe d'huile de canola
- 60 ml (¼ tasse) d'eau
- 60 ml (¼ tasse) de sirop d'érable

GARNITURE

- 2 c. à soupe de confiture de bleuets
- 320 g (2 tasses) de bleuets frais

FOND D'AMANDES ET DE FLOCONS D'AVOINE

- Préchauffer le four à 150 °C (300 °F).
- Broyer les amandes au robot de cuisine jusqu'à ce qu'elles aient la grosseur des flocons d'avoine.
- Mélanger les flocons d'avoine avec les amandes et le sel.
- Battre à la fourchette l'huile, l'eau et le sirop d'érable, puis incorporer le tout au mélange sec.
- Laisser reposer 10 min afin que les flocons d'avoine s'imbibent de liquide et qu'il soit possible d'en faire une boule avec les mains.
- Chemiser la plaque à biscuits de papier sulfurisé, puis y étendre la pâte avec les doigts pour former un rond d'environ 20 cm (8 po) de diamètre.
- Cuire le fond au centre du four de 30 à 40 min, jusqu'à ce qu'il soit doré.
- Laisser refroidir à température ambiante.

GARNITURE

- Chauffer la confiture, puis la mélanger avec les bleuets.
- À la dernière minute, juste avant de servir, recouvrir la croûte avec la garniture de bleuets.
- Pour ajouter au délice, accompagner la tarte avec du yogourt glacé ou du sorbet.

Jardinière aux fruits

Portions : 6 à 8 • **Préparation :** 35 min • **Cuisson :** 45 min • **Réfrigération :** 1 h 30
Ustensile : moule à tarte cannelé rond à fond amovible de 23 cm (9 po)
(aussi appelé moule à jardinière)

FOND DE PÂTE SUCRÉE

• Préchauffer le four à 180 °C (350 °F).

• Fariner la surface de travail, abaisser la pâte au rouleau à pâtisserie et foncer le moule ou déposer la boule de pâte au centre du moule, puis l'étaler uniformément avec les doigts à partir du centre jusqu'au haut du rebord du moule.

• Placer une feuille de papier sulfurisé sur la pâte et y déposer 400 g (2 tasses) de pois secs (cette opération a pour but de garder la pâte en place pendant la cuisson). Cuire le fond de tarte au four 30 min.

• Retirer les pois secs et le papier sulfurisé et poursuivre la cuisson encore 15 min, jusqu'à ce que la croûte soit cuite à cœur et bien dorée.

• Laisser refroidir à température ambiante environ 30 min.

CRÈME PÂTISSIÈRE

• Fendre la demi-gousse de vanille en deux sur la longueur avec un couteau, puis prélever les graines de vanille à l'intérieur de l'écorce avec la pointe de celui-ci.

• Dans une casserole, faire bouillir le lait, l'écorce et les graines de vanille. Une fois le tout à ébullition, retirer l'écorce de vanille.

• Dans un bol, bien mélanger les jaunes d'œufs avec le sucre et la fécule de maïs. Incorporer graduellement le lait chaud avec un fouet.

• Remettre le tout dans la casserole et cuire le mélange en remuant avec le fouet jusqu'à ébullition. Retirer du feu et incorporer le beurre.

• Laisser refroidir 1 h 30 au réfrigérateur.

GARNITURE

• Couper les fruits à votre goût. Répartir la crème pâtissière sur le fond de tarte, puis la garnir avec les fruits, à votre fantaisie.

FINITION OPTIONNELLE

• Chauffer la gelée de pommes sans la faire bouillir, puis badigeonner la jardinière pour rendre les fruits brillants. Servir avec une crème anglaise ou du coulis de framboises (recettes à la page 156).

NOTE GOURMANDE
Faire sécher la gousse de vanille après son utilisation et vous en servir pour faire du sucre vanillé (recette à la page 169).

INGRÉDIENTS

FOND DE PÂTE SUCRÉE
• Le produit de notre recette de pâte sucrée (page 13)

CRÈME PÂTISSIÈRE
• ½ gousse de vanille
• 5 jaunes d'œufs
• 130 g (½ tasse) de sucre de canne
• 35 g (¼ tasse) de fécule de maïs
• 250 ml (1 tasse) de lait
• 1 c. à soupe de beurre non salé

GARNITURE
• Fruits frais au choix

FINITION OPTIONNELLE
• 60 ml (¼ tasse) de gelée de pommes du commerce

Tarte miellée au fromage blanc et aux framboises

Portions : 6 à 8 • **Préparation :** 30 min • **Cuisson :** 50 min
Ustensile : plaque à biscuits

INGRÉDIENTS

FOND DE NOIX DE GRENOBLE ET DE FLOCONS D'AVOINE

- 140 g (1 ¼ tasse) de noix de Grenoble entières
- 100 g (1 tasse) de flocons d'avoine
- ¼ c. à café (¼ c. à thé) de sel marin
- 2 c. à soupe d'huile de noix
- 60 ml (¼ tasse) d'eau
- 60 ml (¼ tasse) de miel

GARNITURE

- 125 ml (½ tasse) de fromage blanc frais (type cottage à l'ancienne de Liberté)
- 2 c. à soupe de miel
- 500 g (3 tasses) de framboises fraîches

PRÉPARATION

FOND DE NOIX DE GRENOBLE ET DE FLOCONS D'AVOINE

- Préchauffer le four à 150 °C (300 °F).

- Broyer les noix de Grenoble au robot de cuisine jusqu'à ce qu'elles aient la grosseur des flocons d'avoine.

- Mélanger les flocons d'avoine avec les noix broyées et le sel.

- Battre à la fourchette l'huile, l'eau et le miel, puis incorporer le tout au mélange sec.

- Laisser reposer 10 min afin que les flocons d'avoine s'imbibent de liquide et qu'il soit possible d'en faire une boule avec les mains.

- Chemiser la plaque à biscuits de papier sulfurisé, puis y étendre la pâte avec les doigts pour former un rond d'environ 20 cm (8 po) de diamètre.

- Cuire le fond au centre du four de 40 à 50 min, jusqu'à ce qu'il soit doré.

- Laisser refroidir à température ambiante.

GARNITURE

- Mélanger le fromage blanc avec le miel.

- Juste avant de servir, afin que la croûte reste bien craquante, recouvrir celle-ci avec le mélange de fromage blanc et de miel, puis garnir avec les framboises.

- Servir avec du coulis de framboises (recette à la page 156)… naturellement !

Tarte enivrante aux poires au vin

Portions : 6 à 8 • **Préparation :** 30 min • **Cuisson :** 45 min • **Réfrigération :** 1 h 30
Macération des poires : 24 h au moins • **Ustensile :** moule rectangulaire
de 36 x 13 cm (14 x 5 po) ou rond de 20 cm (8 po), à fond amovible

POIRES AU VIN

- Peler les poires, les couper en deux, retirer le cœur à l'aide d'une cuillère à melon et les déposer dans un contenant à couvert hermétique.
- Mettre le reste des ingrédients dans une casserole et les porter à ébullition.
- Verser le sirop au vin bouillant sur les poires, couvrir et laisser macérer de 24 à 48 h au réfrigérateur.

FOND DE PÂTE SABLÉE

- Préchauffer le four à 180 °C (350 °F).
- Étaler la pâte avec les doigts pour couvrir entièrement le fond du moule.
- Cuire le fond de pâte sablée au four 30 min.
- Retirer du four et laisser refroidir à température ambiante environ 30 min.

CRÈME PÂTISSIÈRE

- Fendre la demi-gousse de vanille en deux sur la longueur avec un couteau, puis prélever les graines de vanille à l'intérieur de l'écorce avec la pointe de celui-ci.
- Dans une casserole, faire bouillir le lait, l'écorce et les graines de vanille.
- Une fois le tout à ébullition, retirer l'écorce de vanille.
- Dans un bol, bien mélanger les jaunes d'œufs avec le sucre et la fécule de maïs.
- Incorporer graduellement le lait chaud avec un fouet.
- Cuire le mélange en remuant avec le fouet jusqu'à ébullition.
- Retirer du feu et incorporer le beurre.
- Laisser refroidir 1 h 30 au réfrigérateur.

MONTAGE

- Étaler la crème pâtissière sur le fond en laissant 1 cm (⅜ po) de bordure non garnie tout le tour de celui-ci.
- Égoutter les poires sur un papier absorbant, les trancher, puis les disposer à votre fantaisie sur la crème pâtissière. Réserver le sirop.

POIRES AU VIN
- 5 poires Bartlett moyennes bien mûres
- 330 g (1 ½ tasse) de sucre de canne
- 250 ml (1 tasse) d'eau
- 2 bâtons de cannelle
- 3 follicules d'anis étoilé
- 250 ml (1 tasse) de vin

FOND DE PÂTE SABLÉE
- Le produit de notre recette de pâte sablée (page 15)

CRÈME PÂTISSIÈRE
- ½ gousse de vanille
- 250 ml (1 tasse) de lait
- 5 jaunes d'œufs
- 130 g (½ tasse) de sucre de canne
- 35 g (¼ tasse) de fécule de maïs
- 1 c. à soupe de beurre non salé

CONSEILS DE DOMINIQUE
Il est important de laisser macérer les poires au moins 24 h au réfrigérateur afin qu'elles s'imprègnent bien des saveurs du mélange au vin et soient goûteuses à souhait.

Pour cette recette, privilégiez un vin riche en couleur et en profondeur tel qu'un cabernet, un merlot ou un syrah afin de donner une belle couleur foncée aux poires.

SAUCE AU VIN ET AU CHOCOLAT

- 750 ml (3 tasses) de sirop au vin (sirop utilisé pour la macération des poires)
- 100 g (½ tasse) de chocolat à 70 % de cacao, haché

FINITION OPTIONNELLE • SAUCE AU VIN ET AU CHOCOLAT

- Dans une poêle, réduire le sirop de macération de moitié en le faisant bouillir à feu vif pendant 10 min.
- Mettre le chocolat dans un grand cul-de-poule et y verser tout doucement la réduction chaude de sirop en mélangeant à la cuillère de bois progressivement.

RECOMMANDATION DE JOSÉE

Pour une expérience gustative vraiment hors de l'ordinaire, servez la tarte avec la sauce au vin et au chocolat que nous vous proposons et que je vous recommande de faire idéalement avec du chocolat Guanaja de Valrhona.

Portions : 6 à 8 • **Préparation :** 30 min • **Cuisson :** 1 h 15
Ustensile : moule à tarte rond à fond amovible de 23 cm (9 po)

FOND DE TOFU AUX DEUX SÉSAMES

- 175 g (1 tasse + 2 c. à soupe) de farine non blanchie
- 1 pincée de levure chimique (poudre à pâte)
- 170 g (1 ⅓ tasse) de tofu ferme, émietté
- 80 g (⅓ tasse) de sucre de canne
  1 œuf, battu
- 2 c. à café (2 c. à thé) d'huile de sésame
- 1 c. à soupe de graines de sésame blanc
- 1 c. à soupe de graines de sésame noir

GARNITURE À LA RICOTTA ET À LA LIME

- 1 contenant de 475 g de ricotta
- 60 ml (¼ tasse) de miel
- 2 œufs, battus
- Zeste de 2 à 3 limes, finement râpé

CONSEIL DE DOMINIQUE
Il importe de ne prélever que la partie verte de l'écorce pour éviter d'avoir trop d'amertume dans la tarte, ce qui sera le cas si le zeste contient de la chair blanche de l'écorce, car elle amère.

Nous avons demandé à Min, qui a participé à l'élaboration de ce livre avec nous, de nous développer une tarte aux saveurs de son pays d'origine, la Corée du Sud. Sa proposition tout en fraîcheur se distingue notamment par son étonnant fond de tofu aux deux sésames. Les Coréennes consomment du tofu régulièrement, car cette protéine non grasse les aide à maintenir leur taille. Min nous a aussi expliqué que le sésame noir était reconnu pour contribuer à la santé des cheveux. De quoi vous régaler sans culpabilité !

FOND DE TOFU AUX DEUX SÉSAMES

- Préchauffer le four à 180 °C (350 °F).
- Tamiser la levure chimique avec la farine.
- Mélanger à la main tous les ingrédients de la pâte et former une boule.
- Déposer la boule de pâte au centre du moule, puis l'étaler uniformément avec les doigts à partir du centre jusqu'au haut du rebord du moule.
- Placer une feuille de papier sulfurisé sur la pâte et y déposer 400 g (2 tasses) de pois secs (cette opération a pour but de garder la pâte en place pendant la cuisson).
- Cuire le fond de tarte au four 30 min.
- Retirer les pois secs et le papier sulfurisé et poursuivre la cuisson encore 15 min, jusqu'à ce que la croûte soit bien dorée.
- Retirer du four et laisser refroidir à température ambiante environ 30 min.

GARNITURE À LA RICOTTA ET À LA LIME

- Mélanger ensemble la ricotta et le miel jusqu'à consistance crémeuse.
- Ajouter ensuite les œufs battus, puis le zeste des limes.
- Garnir la croûte avec la préparation.
- Cuire au four environ 30 min à 180 °C (350 °F).
- Laisser refroidir et servir avec du coulis de framboises.

NOTE GOURMANDE
Pour rehausser encore davantage cette tarte aussi exquise qu'exotique, garnissez-la avec des limes confites (recette à la page 149). Un régal pour les yeux et les papilles !

Tarte pancake à l'épeautre, à la mangue et aux abricots

Portions : 8 • **Préparation :** 1 h • **Cuisson :** 45 min • **Réfrigération :** 40 min
Ustensiles : moule à tarte rond de 23 cm (9 po) en pyrex ou en céramique et moule carré de 20 x 20 cm (8 x 8 po)

GELÉE À LA MANGUE ET AUX ABRICOTS

- Dans une casserole, mélanger le nectar d'abricots à l'agar-agar et porter à ébullition.
- Réduire le feu et laisser mijoter doucement pendant 5 à 10 min ou jusqu'à ce que les flocons soient complètement dissous.
- Ajouter les cubes de mangue et mélanger.
- Tapisser le moule carré d'une pellicule plastique et y verser le mélange.
- Réfrigérer environ 40 min pour figer la gelée.

GANACHE AU CHOCOLAT BLANC

- Chauffer la crème sans la faire bouillir.
- Dans un bol, verser tout doucement la crème chaude sur le chocolat blanc en mélangeant avec une cuillère de bois jusqu'à ce que celui-ci soit complètement fondu.
- Mélanger le tout 30 sec avec un mixeur plongeant jusqu'à l'obtention d'une ganache homogène et réserver.

FOND DE PANCAKE À L'ÉPEAUTRE

- Préchauffer le four à 180 °C (350 °F) et beurrer le moule à tarte.
- Dans un bol, à l'aide d'une spatule, mélanger tous les ingrédients jusqu'à l'obtention d'une pâte homogène.
- Verser le mélange dans le moule à tarte beurré.
- Cuire de 30 à 35 min jusqu'à ce que la pâte soit bien dorée.
- Démouler et déposer le pancake d'épeautre sur une grille pour le refroidir.

MONTAGE

- Déposer le pancake sur un plat de service.
- Tartiner le dessus du pancake avec la ganache au chocolat blanc.
- Démouler la gelée et la découper en cubes de 1,5 cm (¾ po).
- Déposer les cubes sur le pancake tartiné de ganache.

INGRÉDIENTS

GELÉE À LA MANGUE ET AUX ABRICOTS

- 500 ml (2 tasses) de nectar d'abricots épais
- 300 g (10 ½ oz) de mangues, coupées en cubes d'environ 6 mm (⅜ po) (2 mangues)
- 2 c. à soupe de flocons d'agar-agar (vendus dans les magasins d'aliments naturels)

GANACHE AU CHOCOLAT BLANC

- 3 c. à soupe de crème 35 %
- 140 g (⅔ tasse) de chocolat blanc, haché

FOND DE PANCAKE À L'ÉPEAUTRE

- 2 c. à soupe de miel
- 240 g (1 ½ tasse) de farine d'épeautre
- 2 c. à café (2 c. à thé) de levure chimique (poudre à pâte)
- 250 ml (1 tasse) de lait
- 1 œuf, battu

Tarte au chocolat noir et au tofu
sur croquant d'arachides chocolatées

Portions : 6 à 8 • **Préparation :** 30 min • **Cuisson :** aucune • **Réfrigération :** 4 h
Ustensile : moule à tarte rond de 23 cm (9 po) en pyrex ou en céramique

FOND DE CHOCOLAT AU LAIT ET D'ARACHIDES

- 285 g (1 ½ tasse) de chocolat au lait, haché
- 140 g (¾ tasse) d'arachides non salées

CRÈME DE TOFU AU CHOCOLAT NOIR

- 325 g (2 ½ tasses) de tofu mou
- 210 g (½ tasse) de lait condensé sucré
- 160 g (1 tasse) de chocolat noir, haché

VARIANTE AU YOGOURT ET AU CHOCOLAT AU LAIT

- 375 ml (1 ½ tasse) de yogourt nature épais (10 %)
- 285 g (1 ½ tasse) de chocolat au lait, haché

FOND DE CHOCOLAT AU LAIT ET D'ARACHIDES

- Broyer au robot de cuisine le chocolat et les arachides jusqu'à l'obtention d'une pâte, puis en faire une boule à la main.
- Étaler la pâte avec les doigts dans le moule à tarte jusqu'au haut du rebord, puis réfrigérer 30 min.

CRÈME DE TOFU AU CHOCOLAT NOIR

- Battre au mélangeur le tofu et le lait condensé pendant quelques minutes.
- Fondre le chocolat au bain-marie.
- Incorporer le chocolat fondu dans le mélange de tofu et battre au robot jusqu'à l'obtention d'une préparation homogène.
- Verser sur le fond de tarte et laisser refroidir au réfrigérateur de 3 à 4 h.

VARIANTE AU YOGOURT ET AU CHOCOLAT AU LAIT

- Fondre le chocolat au bain-marie.
- Au malaxeur, battre le yogourt et y incorporer graduellement le chocolat fondu.
- Verser dans le fond de tarte et laisser refroidir au réfrigérateur de 3 à 4 h.

RECOMMANDATION DE JOSÉE
Pour un mariage contrasté entre le fond de chocolat au lait et la crème de tofu au chocolat noir, je vous suggère d'utiliser le Guanaja à 70 % de cacao de Valrhona.

Tarte-soleil aux deux agrumes

Portions : 8 à 10 portions • **Préparation :** 45 min • **Cuisson :** 45 min
Réfrigération : 1 h • **Ustensile :** moule rectangulaire à fond amovible
de 36 x 13 cm (14 x 5 po)

FOND DE TOFU AUX DEUX SÉSAMES

- Préchauffer le four à 180 °C (350 °F).
- Tamiser la levure chimique avec la farine.
- Mélanger à la main tous les ingrédients de la pâte et former une boule. Déposer celle-ci au centre du moule, puis l'étaler uniformément avec les doigts à partir du centre jusqu'au haut du rebord du moule.
- Placer une feuille de papier sulfurisé sur la pâte et y déposer 400 g (2 tasses) de pois secs (cette opération a pour but de garder la pâte en place pendant la cuisson).
- Cuire le fond de tarte au four 30 min.
- Retirer les pois secs et le papier sulfurisé et poursuivre la cuisson encore 15 min, jusqu'à ce que la croûte soit bien dorée.
- Retirer du four et laisser refroidir à température ambiante environ 30 min.

GELÉE D'ORANGE

- Laisser gonfler la gélatine dans 1 c. à soupe d'eau froide pendant environ 5 min.
- Dans une casserole, porter à ébullition le jus d'orange.
- Dissoudre le sucre dans le jus bouillant, incorporer la gélatine en remuant, puis verser le liquide chaud sur les jaunes d'œufs tout en fouettant.
- Verser sur le fond de tofu et laisser figer au réfrigérateur environ 30 min.

GELÉE DE PAMPLEMOUSSE

- Laisser gonfler la gélatine dans 1 c. à soupe d'eau froide pendant environ 5 min.
- Dans une casserole, porter à ébullition le jus de pamplemousse.
- Dissoudre le sucre dans le jus bouillant, incorporer la gélatine en remuant, puis verser le liquide chaud sur les jaunes d'œufs tout en fouettant.
- Laisser refroidir la préparation à température ambiante 30 min, la verser sur la gelée d'orange figée, puis remettre au réfrigérateur pendant 30 min.

FINITION

- Prélever les suprêmes des agrumes (méthode à la page 160).
- Garnir la tarte avec les suprêmes au goût.

INGRÉDIENTS

FOND DE TOFU AUX DEUX SÉSAMES

- 175 g (1 tasse + 2 c. à soupe) de farine non blanchie
- 1 pincée de levure chimique (poudre à pâte)
- 170 g (½ tasse) de tofu ferme, émietté
- 80 g (⅓ tasse) de sucre de canne
- 1 œuf, battu
- 2 c. à café (2 c. à thé) d'huile de sésame
- 1 c. à soupe de graines de sésame blanc
- 1 c. à soupe de graines de sésame noir

GELÉE D'ORANGE

- ½ sachet de 7 g (1 c. à café) de gélatine
- 1 c. à soupe d'eau froide
- 250 ml (1 tasse) de jus d'orange, fraîchement pressé
- 120 g (½ tasse) de sucre de canne
- 4 jaunes d'œufs, battus

GELÉE DE PAMPLEMOUSSE

- ½ sachet de 7 g (1 c. à café) de gélatine
- 1 c. à soupe d'eau froide
- 250 ml (1 tasse) de jus de pamplemousse, fraîchement pressé
- 120 g (½ tasse) de sucre de canne
- 4 jaunes d'œufs, battus

FINITION

- 2 oranges
- 2 pamplemousses

Tarte crémeuse coco-mangue-ananas

Portions : 6 à 8 • **Préparation :** 45 min • **Cuisson :** 10 min • **Réfrigération :** 1 h 30
Ustensile : moule à tarte rond à fond amovible de 23 cm (9 po)

Chaque bouchée de cette tarte vous entraîne dans un fascinant voyage de saveurs et de textures. De la voluptueuse consistance du mascarpone italien à la ferme tendreté et à l'exotisme tropical de la mangue et de l'ananas, elle fait vivre à votre palais de fort joyeuses sensations.

FOND DE CHAPELURE DE PÂTE SUCRÉE (À PRÉPARER LA VEILLE)

- Dans un bol, mélanger à la main la chapelure et le beurre jusqu'à la formation d'une pâte.
- Chemiser le fond du moule de papier sulfurisé, puis le foncer avec la préparation (ne pas foncer le rebord) en prenant soin de bien tasser la chapelure.
- Cuire au four 10 min à 180 °C (350 °F).

FONDANT AU COCO

- Chauffer la crème sans la faire bouillir, puis la verser tout doucement sur le chocolat dans un bol en mélangeant avec une cuillère de bois jusqu'à ce que celui-ci soit tout fondu.
- Ajouter le coco, mélanger et verser doucement sur la croûte refroidie.
- Laisser refroidir 1 h au réfrigérateur, démouler et disposer dans une assiette de service.

CRÈME DE MASCARPONE

- Dans une casserole, chauffer le fromage et le miel à feu doux.
- Incorporer avec un fouet les jaunes d'œufs, fouetter vigoureusement 3 min, puis émulsionner ensuite au mixeur plongeant 2 min.
- Laisser refroidir 1 h 30 au réfrigérateur.
- Recouvrir le fondant avec la crème de mascarpone.

GARNITURE À LA MANGUE ET À L'ANANAS

- Faire revenir à feu moyen-vif les cubes d'ananas avec le beurre et le sucre environ 10 min dans une poêle en mélangeant de temps en temps afin que les cubes caramélisent de façon uniforme.
- Ajouter les mangues et le gingembre et poursuivre la cuisson 5 min.
- Laisser bien refroidir la préparation de fruits, puis garnir le dessus de la tarte.
- Servir avec de la sauce au chocolat ou de la crème anglaise (recettes à la page 156).

FOND DE CHAPELURE DE PÂTE SUCRÉE

- 230 g (1 tasse) de chapelure de pâte sucrée (recette à la page 14)
- 2 c. à soupe de beurre non salé, fondu

FONDANT AU COCO

- 60 ml (¼ tasse) de crème 35 %
- 110 g (½ tasse) de chocolat au lait, haché
- 55 g (½ tasse) de noix de coco non sucrée, râpée et grillée

CRÈME DE MASCARPONE

- 215 g (1 tasse) de fromage mascarpone
- 2 c. à soupe de miel
- 2 jaunes d'œufs

GARNITURE À LA MANGUE ET À L'ANANAS

- ½ ananas frais, coupé en cubes d'environ 1 cm (½ po)
- 1 c. à soupe de beurre non salé
- 1 c. à soupe de sucre de canne
- 1 mangue, coupée en cubes de 1 cm (½ po)
- 1 c. à café (1 c. à thé) de gingembre, fraîchement râpé

Tarte multifruits

Portions : 6 à 8 • **Préparation :** 30 min • **Cuisson :** aucune • **Réfrigération :** 2 h
Ustensile : moule à tarte rond de 25 cm (10 po) en pyrex ou en céramique

*Sans cuisson au four ni gras ni sucre ajoutés, cette tarte très saine et ultra-savoureuse est une création à nulle autre pareille. En plus, elle est facile à faire.
À découvrir !*

FOND D'AMANDES ET DE FRUITS SECS
- Broyer les amandes au robot de cuisine.
- Ajouter les autres ingrédients et broyer de nouveau.
- Presser le mélange avec les doigts dans le fond du moule.

GARNITURE AUX FRUITS
- Déposer les fruits sur le fond d'amandes et de fruits secs.
- Dans une casserole, mélanger le jus de fruits à l'agar-agar et porter à ébullition.
- Réduire le feu et laisser mijoter doucement pendant 5 à 10 min ou jusqu'à ce que les flocons soient complètement dissous.
- Bien mélanger et verser ce mélange chaud sur les fruits.
- Laisser refroidir 2 h au réfrigérateur et servir.

FOND D'AMANDES ET DE FRUITS SECS
- 255 g (1 ½ tasse) d'amandes entières, grillées
- 210 g (1 ½ tasse) de fruits secs (dattes, figues et raisins secs mélangés)
- 1 c. à café (1 c. à thé) de cannelle moulue
- 1 c. à soupe d'eau (ou plus au besoin)

GARNITURE AUX FRUITS
- 600 à 700 g (3 à 4 tasses) de fruits frais au choix (fraises, bleuets, framboises, kiwis, cerises, mûres, raisins verts ou autres)
- 500 ml (2 tasses) de jus de canneberges et de framboises ou autre jus de fruits
- 2 c. à soupe de flocons d'agar-agar (vendus dans les magasins d'aliments naturels)

CONSEIL DE DOMINIQUE
Si vous choisissez des fruits qui s'oxydent rapidement tels que la pomme et la poire, citronnez-les une fois qu'ils sont coupés en cubes. Le jus de citron les empêchera de s'oxyder.

Tarte bananes-noisettes-chocolat

Portions : 6 à 8 • **Préparation :** 40 min • **Cuisson :** 50 min
Ustensile : plaque à biscuits

INGRÉDIENTS

FOND DE NOISETTES ET DE FLOCONS D'AVOINE

- 190 g (1 ⅓ tasse) de noisettes entières
- 100 g (1 tasse) de flocons d'avoine
- ¼ c. à café (¼ c. à thé) de sel marin
- 2 c. à soupe d'huile de canola
- 60 ml (¼ tasse) d'eau
- 60 ml (¼ tasse) de miel, chauffé (pour le rendre liquide)

TARTINADE AU CHOCOLAT ET AUX NOISETTES

- 90 g (½ tasse) de noisettes, grillées
- 1 c. à soupe de miel
- 3 c. à soupe de cacao en poudre
- 1 c. à café (1 c. à thé) d'extrait de vanille pur
- 80 g (¼ tasse) de poudre de lait
- 60 ml (¼ tasse) de lait ou d'eau

GARNITURE

- 50 g (¼ tasse) de chocolat noir, haché
- 2 bananes, tranchées

CONSEIL DE DOMINIQUE
Si vous souhaitez faire cette tarte à l'avance, citronnez vos bananes afin qu'elles ne noircissent pas.

PRÉPARATION

Cette tarte grano est plutôt une tarte chaleur, dans le sens qu'elle constitue un merveilleux dessert réconfortant en hiver. Très nourrissante, elle se démarque par son riche mélange d'ingrédients, à travers lequel le bon goût frais des bananes se distingue avec succulence.

FOND DE NOISETTES ET DE FLOCONS D'AVOINE

- Préchauffer le four à 150 °C (300 °F).
- Broyer les noisettes au robot de cuisine jusqu'à ce qu'elles aient la grosseur des flocons d'avoine.
- Dans un bol, mélanger les flocons d'avoine avec les noisettes broyées et le sel.
- Dans un autre bol, battre à la fourchette l'huile, l'eau et le miel, puis incorporer le tout au mélange sec.
- Laisser reposer 10 min afin que les flocons d'avoine s'imbibent de liquide et qu'il soit possible d'en faire une boule avec les mains.
- Chemiser la plaque à biscuits de papier sulfurisé, puis y étendre la pâte avec les doigts pour former un rond d'environ 20 cm (8 po) de diamètre.
- Cuire le fond au centre du four de 40 à 50 min, jusqu'à ce qu'il soit doré.
- Laisser refroidir à température ambiante.

TARTINADE AU CHOCOLAT ET AUX NOISETTES

- Verser tous les ingrédients dans le robot de cuisine ou dans un mélangeur et broyer jusqu'à consistance homogène.

GARNITURE

- Fondre le chocolat au bain-marie et en utiliser la moitié pour recouvrir le fond de tarte.
- Laisser refroidir à température ambiante.

MONTAGE

- Déposer le fond dans une assiette de service.
- Étendre la tartinade sur le fond.
- Garnir le fond avec les tranches de banane, puis recouvrir celles-ci avec l'autre moitié du chocolat fondu en formant des lignes.
- Servir avec de la sauce au chocolat (recette à la page 156).

Tartelettes aux fruits sur mousse au yogourt et croûte de noisettes

Portions : 6 • **Préparation :** 20 min • **Cuisson :** 50 min
Ustensile : plaque à biscuits

FOND DE NOISETTES

- Préchauffer le four à 150 °C (300 °F).
- Au malaxeur, monter les blancs d'œufs en neige en y versant graduellement le sucre en pluie.
- Incorporer les noisettes à la spatule.
- Chemiser la plaque à biscuits de papier sulfurisé.
- Avec la préparation, faire six masses similaires sur le papier sulfurisé, puis les aplatir afin de former des disques de 8 à 10 cm (3 à 4 po) de diamètre.
- Cuire au four de 40 à 50 min, jusqu'à ce que les meringues soient légèrement dorées.
- Laisser refroidir les meringues sur une grille.

MOUSSE AU YOGOURT

- Au malaxeur, fouetter la crème jusqu'à ce qu'elle soit bien ferme.
- Incorporer doucement le yogourt à la crème, puis réserver au réfrigérateur.

GARNITURE

- Couper les fruits selon votre fantaisie.
- Juste avant de servir afin que les fonds de meringue restent bien craquants, recouvrir ceux-ci avec la mousse au yogourt.
- Garnir la mousse avec les fruits.

VARIANTE AUX POMMES SUR MOUSSE AU CARAMEL

MOUSSE AU CARAMEL

- Dans une petite casserole, faire chauffer 125 ml (½ tasse) de crème.
- Dans une autre casserole, cuire le sucre avec 2 c. à soupe d'eau, jusqu'à l'obtention d'un caramel (consulter l'information sur le caramel à la page 160).
- Incorporer le beurre et la crème chaude, bien mélanger, puis laisser refroidir.
- Au malaxeur, fouetter la crème froide jusqu'à ce qu'elle soit bien ferme.
- Incorporer doucement le caramel à la crème fouettée à l'aide d'une spatule.

INGRÉDIENTS

FOND DE NOISETTES
- 2 blancs d'œufs
- 270 g (2 tasses) de noisettes entières
- 2 c. à soupe de sucre de canne

MOUSSE AU YOGOURT
- 80 ml (⅓ tasse) de crème 35 %
- 125 ml (½ tasse) de yogourt nature épais (10 %)

GARNITURE
- Fruits frais au choix (kiwis, mangues, pêches, cerises, etc.)

VARIANTE AUX POMMES SUR MOUSSE AU CARAMEL

MOUSSE AU CARAMEL
- 125 ml (½ tasse) de crème 35 % froide pour la mousse
- 80 g (⅓ tasse) de sucre de canne
- 60 g (¼ tasse) de beurre non salé
- 250 ml (1 tasse) de crème 35 %

VARIANTE AUX POMMES
SUR MOUSSE AU CARAMEL

GARNITURE AUX POMMES

- 2 pommes Cortland, Empire, Golden ou Lobo moyennes, évidées, pelées et coupées en dés de 1 cm (½ po)
- 1 c. à soupe de beurre non salé
- 1 c. à soupe de sucre de canne

GARNITURE AUX POMMES

- Dans une poêle antiadhésive, faire caraméliser les dés de pomme avec le beurre et le sucre, jusqu'à réduction complète du liquide.
- Laisser refroidir 30 min à température ambiante.

MONTAGE

- Juste avant de servir, afin que les fonds de meringue restent bien craquants, recouvrir ceux-ci avec la mousse au caramel.
- Garnir la mousse avec les pommes caramélisées.

CONSEIL DE DOMINIQUE

Il importe que la crème soit chaude avant de la verser sur le caramel chaud. Si elle est froide ou tiède, il y a risque d'éclaboussures qui pourraient causer des brûlures.
Comme le dit le proverbe : mieux vaut prévenir que guérir.

Tarte-sandwich glacée au chocolat

Portions : 8 portions • **Préparation :** 45 min • **Cuisson :** 30 min
Réfrigération : 1 h • **Congélation :** 24 h
Ustensiles : 2 moules rectangulaires de 20 x 27 cm (8 X 11 po)

INGRÉDIENTS

CHANTILLY AU CACAO
- 125 ml (½ tasse) de crème 35 %
- 1 c. à soupe de cacao en poudre

CRÈME AU CHOCOLAT NOIR
- 125 ml (½ tasse) d'eau
- 160 g (⅔ tasse) de sucre de canne
- 4 jaunes d'œufs
- 2 c. à soupe de chocolat noir, haché

BISCUIT DE RIZ SOUFFLÉ, DE CHOCOLAT ET DE BEURRE D'ARACHIDE
- 340 g (2 tasses) de chocolat au lait, haché
- 265 g (1 tasse) de beurre d'arachide naturel, croquant de préférence
- 115 g (3 tasses) de céréales de riz soufflé

PRÉPARATION

Cette recette tire son origine d'un fond étonnant que j'avais concocté avec du chocolat, du beurre d'arachide et du riz soufflé. Après avoir jonglé avec plusieurs idées pour lui trouver une garniture assortie, nous l'avons finalement transformé en cette tarte-sandwich glacée festive, à la suggestion inspirée de Dominique.

PARFAIT AU CHOCOLAT • CHANTILLY AU CACAO
- Au malaxeur, fouetter la crème et le cacao jusqu'à ce que le mélange soit ferme, puis réserver au réfrigérateur.

PARFAIT AU CHOCOLAT • CRÈME AU CHOCOLAT NOIR
- Dans une casserole, porter l'eau et le sucre à ébullition pour en faire un sirop.
- Au malaxeur, battre les jaunes d'œufs à vitesse maximum. Incorporer le sirop chaud aux jaunes d'œufs battus. Battre le mélange jusqu'à ce qu'il ait triplé de volume, pris une couleur blanchâtre et que des pics fermes se forment (environ 10 à 12 min, soit jusqu'à ce que le mélange ait tiédi).
- Fondre le chocolat au bain-marie, puis y incorporer graduellement dans un bol, avec une spatule, la préparation de jaunes d'œufs montés.

CONFECTION DU PARFAIT AU CHOCOLAT
- Incorporer graduellement la chantilly au cacao à la crème au chocolat en la pliant à l'aide d'une spatule, puis chemiser un moule avec de la pellicule plastique, y verser le parfait au chocolat et congeler 24 h.

BISCUIT DE RIZ SOUFFLÉ, DE CHOCOLAT ET DE BEURRE D'ARACHIDE
- Fondre le chocolat au bain-marie. Dans un bol, mettre le beurre d'arachide, puis couler le chocolat fondu dessus tout en mélangeant.
- Incorporer délicatement le riz soufflé avec une spatule de façon à ne pas écraser les grains de riz soufflé afin qu'ils restent intacts.
- Tapisser les moules avec de la pellicule plastique, étendre dans chacun la moitié de la préparation également, sans faire de rebord, puis laisser figer au réfrigérateur pendant 1 h. Les biscuits peuvent aussi être faits l'un après l'autre dans le même moule.

MONTAGE
- Juste avant de servir, démouler les biscuits et en déposer un dans une assiette de service. Démouler la préparation, la mettre sur le biscuit, puis la recouvrir du deuxième biscuit. Couper et servir aussitôt.

Tarte aux poires et aux pacanes caramélisées à l'érable

Portions : 6 à 8 • **Préparation :** 40 min • **Cuisson :** 50 min
Ustensile : plaque à biscuits

Tout est divin dans cette tarte : la fusion des saveurs des poires et des pacanes caramélisées à l'érable, la texture à la fois craquante et moelleuse du fond, la douceur veloutée des poires…

FOND DE PACANES ET DE FLOCONS D'AVOINE

- Préchauffer le four à 150 °C (300 °F).
- Broyer les pacanes au robot de cuisine jusqu'à ce qu'elles aient la grosseur des flocons d'avoine.
- Dans un bol, mélanger les flocons d'avoine avec les pacanes broyées et le sel.
- Dans un autre bol, battre à la fourchette l'huile, l'eau et le sirop d'érable, puis incorporer le tout au mélange sec.
- Laisser reposer 10 min afin que les flocons d'avoine s'imbibent de liquide et qu'il soit possible d'en faire une boule avec les mains.
- Chemiser la plaque à biscuits de papier sulfurisé, puis y étendre la pâte avec les doigts pour former un rond d'environ 20 cm (8 po) de diamètre.
- Cuire le fond au centre du four de 40 à 50 min, jusqu'à ce qu'il soit doré.
- Laisser refroidir à température ambiante sur une grille.

POIRES CARAMÉLISÉES AU SIROP D'ÉRABLE

- Dans une poêle antiadhésive, fondre le beurre et le sirop d'érable à feu moyen-vif.
- Ajouter les poires et les laisser caraméliser jusqu'à réduction complète du liquide – les poires doivent être bien dorées.

PACANES CARAMÉLISÉES AU SIROP D'ÉRABLE

- Préchauffer le four à 160 °C (325 °F).
- Griller les pacanes pendant 15 min.
- Lorsque les pacanes sont grillées, éteindre le four et les laisser au chaud dans le four.
- Dans une poêle antiadhésive, à feu vif, porter le sirop d'érable à ébullition, puis réduire à feu doux et laisser mijoter pendant 2 min.

FOND DE PACANES ET DE FLOCONS D'AVOINE

- 165 g (1 ⅓ tasse) de pacanes entières
- 100 g (1 tasse) de flocons d'avoine
- ¼ c. à café (¼ c. à thé) de sel marin
- 2 c. à soupe d'huile de canola
- 60 ml (¼ tasse) d'eau
- 60 ml (¼ tasse) de sirop d'érable

POIRES CARAMÉLISÉES AU SIROP D'ÉRABLE

- 2 c. à soupe de beurre non salé
- 60 ml (¼ tasse) de sirop d'érable
- 4 poires Bartlett moyennes, évidées, pelées et coupées en huit quartiers

PACANES CARAMÉLISÉES
AU SIROP D'ÉRABLE

- 100 g (1 tasse) de pacanes
- 60 ml (¼ tasse) de sirop d'érable

FINITION

- 60 g (⅓ tasse) de chocolat au lait, haché

- Verser les pacanes chaudes dans le sirop d'érable et cuire à feu doux en mélangeant constamment jusqu'à ce que les pacanes soient bien caramélisées.
- Chemiser la plaque à biscuits de papier sulfurisé, y étendre les pacanes et laisser refroidir.
- Une fois les pacanes bien refroidies, concasser les grappes si nécessaire.

MONTAGE

- Fondre le chocolat au bain-marie et en badigeonner la croûte.
- Placer les poires caramélisées en spirale sur la croûte et les parsemer de pacanes caramélisées.
- Servir avec de la sauce au caramel (recette à la page 156).

Tulipes aux fruits de saison

Portions : 8 portions • Préparation : 30 min • Cuisson : 15 min
Ustensiles : plaque à biscuits et 8 verres ronds d'environ 5 cm (2 po) de diamètre

FOND DES TULIPES

- 2 ½ c. à soupe de beurre non salé, mou
- 100 g (⅓ tasse + 1 c. à soupe) de sucre de canne
- 1 c. à café (1 c. à thé) d'extrait de vanille pur
- 2 blancs d'œufs
- 60 g (⅓ tasse) de farine non blanchie
- 65 g (⅓ tasse) de chocolat au lait, haché

GARNITURE

- 250 ml (1 tasse) de crème 35 %
- 1 ½ c. à soupe de sucre de canne
- Fruits frais au choix

FOND DES TULIPES

- Préchauffer le four à 180 °C (350 °F).
- Dans un bol, mélanger le beurre, le sucre et la vanille avec une spatule.
- Ajouter les blancs d'œufs, puis la farine et bien mélanger pour obtenir une pâte lisse.
- Chemiser la plaque à biscuits de papier sulfurisé et y faire deux ronds de pâte de 14 cm (5 ½ po) de diamètre avec une cuillère à soupe.
- Cuire la pâte 5 min, retirer du four, retourner les biscuits et remettre au four environ 3 min jusqu'à ce que ceux-ci soient bien dorés.
- Retirer du four, puis déposer immédiatement chaque biscuit sur un verre placé à l'envers afin de leur donner la forme d'une tulipe.
- Répéter l'opération trois autres fois pour avoir huit tulipes.
- Laisser refroidir à température ambiante.
- Une fois les tulipes refroidies, fondre le chocolat au bain-marie.
- Badigeonner ensuite l'intérieur des tulipes de chocolat fondu.

GARNITURE

- Fouetter la crème avec le sucre jusqu'à l'obtention d'une crème épaisse et en remplir les tulipes à moitié.
- Garnir de fruits frais au goût.

Tarte express aux œufs au lait

Portions : 6 à 8 portions • **Préparation :** 15 min • **Cuisson :** 20 min
Réfrigération : 1 h • **Ustensile :** moule à tarte rond de 23 cm (9 po)
en pyrex ou en céramique

Voici un autre de mes coups de cœur. Facile à préparer et vite faite, cette tarte est un véritable ravissement en bouche. Délicieuse à souhait, elle est extrêmement rafraîchissante lorsque servie froide. À découvrir absolument si ce n'est déjà fait. Un dessert estival idéal !

- Préchauffer le four à 200 °C (400 °F).
- Dans une casserole, chauffer le lait jusqu'au point d'ébullition.
- Dans un bol, battre ensemble les œufs et le sucre avec un fouet.
- Incorporer le lait chaud, puis le beurre au mélange d'œufs.
- Verser dans le moule et cuire au four 20 min ou jusqu'à ce que le tout fige.
- Saupoudrer de 2 c. à soupe de sucre et passer sous le gril du four de 1 à 2 min, jusqu'à caramélisation.
- Refroidir 1 h au réfrigérateur.
- Servir bien froide, accompagnée de fruits frais ou de coulis de framboises (recette à la page 156).

NOTE GOURMANDE
Le goût de ce dessert sera à son meilleur en saupoudrant du sucre vanillé à la place du sucre de canne, à la finition (recette à la page 169).

- 500 ml (2 tasses) de lait
- 130 g (½ tasse) + 2 c. à soupe de sucre de canne
- 5 œufs
- 4 c. à café (4 c. à thé) de beurre non salé

TARTES DE FANTAISIE

Attention : vous êtes sur le point d'entrer dans une zone à très haute teneur gastronomique. Nous préférons vous en avertir, car la possibilité d'en devenir accro est élevée. Extrêmement élevée. Dans cette section, nous visons carrément à démocratiser l'art pâtissier. À vous le rendre accessible au possible. Avec passion, sans prétention. Nous vous convions à un véritable festival de saveurs où nous approchons la confection des tartes avec le même sens du spectaculaire que nous pouvons l'avoir pour les gâteaux. Dacquois, biscuit de Savoie, praliné, truffes, crémeux… il n'y aura plus rien à votre épreuve ! Et le bonheur avec les tartes, c'est que la folie créative n'a pas à se soucier de l'esthétisme comme c'est le cas pour les gâteaux. Moins c'est parfaitement rond, plus ça porte la signature maison. Des heures de plaisir à cuisiner pour tous les gourmets, les malhabiles comme les habiles. À vous la toque de chef pâtisser, à vous la joie de faire vivre l'extase gustative à votre monde, à vous les compliments ! La fantaisie n'aura jamais eu si bon goût pour vous.

Tendresse à l'orange

Portions : 6 à 8 • **Préparation :** 50 min • **Cuisson :** 25 min
Réfrigération : 20 min • **Ustensile :** moule à tarte cannelé rond à fond amovible de 23 cm (9 po)

Cette tarte est un dérivé d'un dessert improvisé de dernière minute de la mère de Dominique. À l'origine, il s'agissait d'un gâteau quatre-quarts qu'elle faisait en mesurant les ingrédients avec un contenant de yogourt. Le gâteau était fait de mesures égales d'œufs, de farine, de sucre et de yogourt nature à la place du beurre. Mettant ses talents de pâtissier à contribution, Dominique a réinventé ce dessert pour le métamorphoser en une tarte à l'orange d'une merveilleuse douceur, digne des souvenirs de son enfance.

FOND DE QUATRE-QUARTS AU YOGOURT ET À L'ORANGE

- Préchauffer le four à 180 °C (350 °F).
- Au fouet, battre les œufs et le sucre jusqu'au blanchiment du mélange. Dans un bol, incorporer graduellement à l'aide d'une spatule, dans l'ordre suivant, le yogourt, la farine et le zeste au mélange d'œufs et de sucre.
- Beurrer et fariner le moule et y verser la préparation.
- Cuire au four jusqu'à ce qu'un cure-dent piqué dans le fond en ressorte propre (environ 25 min). Démouler sur une grille et laisser refroidir.

MOUSSE AU CHOCOLAT BLANC

- Dans une casserole, chauffer le lait à feu moyen sans le faire bouillir.
- Laisser gonfler la gélatine dans 2 c. à soupe d'eau froide pendant environ 5 min.
- Au fouet, battre les jaunes d'œufs et le sucre jusqu'au blanchiment du mélange. Incorporer le lait chaud au mélange, remettre le tout dans la casserole et cuire environ 2 min en remuant constamment avec une spatule.
- Mettre le chocolat haché dans un bol, y verser la préparation chaude, ajouter la gélatine et mélanger au mixeur plongeant pour émulsionner.
- Laisser refroidir environ 20 min au réfrigérateur – la gélatine ne doit pas figer mais seulement refroidir.
- Fouetter la crème, puis l'incorporer délicatement à la préparation au chocolat blanc. Réserver au réfrigérateur.

FINITION

- Avec une poche à pâtisserie, faire des boules de mousse de chocolat blanc et les déposer sur le fond de quatre-quarts.
- Prélever les suprêmes des oranges (méthode à la page 160), puis les disposer autour des boules de mousse. Décorer avec des zestes d'orange confits (recette à la page 149) si désiré.

FOND DE QUATRE-QUARTS AU YOGOURT ET À L'ORANGE

- 3 œufs
- 160 g (⅔ tasse) de sucre de canne
- 125 ml (½ tasse) de yogourt nature
- 120 g (⅔ tasse) de farine non blanchie
- Zeste fin de 3 oranges moyennes

MOUSSE AU CHOCOLAT BLANC

- 250 ml (1 tasse) de lait
- 1 sachet de 7 g (2 c. à café) de gélatine
- 4 jaunes d'œufs
- 145 g (½ tasse + 2 c. à soupe) de sucre de canne
- 50 g (¼ tasse) de chocolat blanc, haché
- 250 ml (1 tasse) de crème 35 %

FINITION

- 5 oranges

Nuage aux pommes poêlées à la cannelle

Portions : 8 à 10 • Préparation : 45 min • Cuisson : 25 min
Ustensile : plaque à biscuits

FOND DE PÂTE FEUILLETÉE

- Le produit de notre recette de pâte feuilletée rapide (page 16)
- 2 c. à soupe de sucre de canne
- ½ c. à café (½ c. à thé) de cannelle moulue

GARNITURE DE POMMES POÊLÉES À LA CANNELLE

- 4 pommes Cortland, Empire, Golden ou Lobo moyennes, évidées, pelées et coupées en dés
- 2 c. à soupe de sucre de canne
- 1 c. à café (1 c. à thé) de cannelle moulue

CHANTILLY

- ½ gousse de vanille
- 185 ml (¾ tasse) de crème 35 %
- 2 c. à soupe de sucre de canne

FOND DE PÂTE FEUILLETÉE

- Préchauffer le four à 200 °C (400 °F).
- Séparer la pâte feuilletée en quatre morceaux égaux.*
- Fariner la surface de travail et abaisser un des morceaux de pâte pour former une bande de 36 x 13 cm (14 x 5 po). Pour avoir une belle bande rectangulaire, abaisser d'abord la pâte sur la longueur avec un rouleau, puis y découper une bande aux dimensions précisées avec un couteau.
- Chemiser la plaque à biscuits de papier sulfurisé et y déposer l'abaisse.
- Mélanger le sucre avec la cannelle, puis badigeonner la pâte d'eau et la saupoudrer avec ce mélange. Laisser reposer 30 min.
- Cuire au four environ 25 min, jusqu'à ce que la pâte soit dorée. La pâte feuilletée gonflera à la cuisson. C'est normal et même l'effet recherché, car cela indique qu'elle sera aérée, légère et croustillante.
- Laisser refroidir sur une grille à température ambiante.

GARNITURE DE POMMES POÊLÉES À LA CANNELLE

- Poêler les dés de pomme avec le sucre et la cannelle jusqu'à évaporation complète de l'eau qu'ils contiennent.
- Laisser refroidir à température ambiante.

CHANTILLY

- Couper la gousse de vanille en deux, gratter les graines avec un couteau et les mettre dans la crème.
- Fouetter le tout avec le sucre jusqu'à la formation de pics fermes.

MONTAGE

- Étaler la chantilly sur la croûte feuilletée et répartir les dés de pomme sur le dessus.

FINITION OPTIONNELLE

- Garnir de croustilles de pomme (recette à la page 149).

* Comme cette recette ne requiert que le quart du produit de notre recette de pâte feuilletée rapide, conserver les autres morceaux de pâte pour faire une autre tarte ou encore des bâtonnets de palmier ou des apéros au sésame (recettes à la page 146). Emballée dans de la pellicule plastique, la pâte se gardera facilement un mois au congélateur.

Féerie aux pommes et au caramel

Portions : 8 à 10 • **Préparation :** 40 min • **Cuisson :** 35 min
Réfrigération : 30 min • **Ustensile :** moule à tarte rond à fond amovible
de 23 cm (9 po)

FOND DE BISCUIT DE SAVOIE AUX POMMES

- Préchauffer le four à 180 °C (350 °F).
- Mélanger les dés de pomme et la cannelle.
- Au malaxeur, battre les jaunes d'œufs et le sucre jusqu'au blanchiment du mélange, puis continuer de battre jusqu'à ce que le volume double.
- Tamiser la farine et la fécule de maïs ensemble, puis les incorporer délicatement aux jaunes d'œufs blanchis à l'aide d'une spatule.
- Monter les blancs d'œufs en neige en les fouettant au malaxeur.
- Incorporer délicatement les blancs d'œufs montés dans le mélange de jaunes d'œufs, puis ajouter les pommes au tout.
- Verser la préparation dans le moule et cuire environ 35 min ou jusqu'à ce que le biscuit soit doré.
- Démouler sur une grille et laisser refroidir.

MOUSSE AUX POMMES

- Dans une poêle, à feu moyen-vif, cuire les pommes, le beurre et le sucre jusqu'à l'obtention d'une compote dans laquelle il doit rester des morceaux.
- Laisser refroidir 30 min au réfrigérateur.
- Fouetter la crème.
- Incorporer délicatement la crème fouettée à la compote refroidie et réserver au réfrigérateur.

CARAMEL MOU AUX NOIX

- Dans une petite casserole, faire chauffer la crème.
- Dans une autre casserole, chauffer le sirop de maïs à feu moyen-vif.
- En remuant avec une spatule, incorporer le sucre au sirop chaud par petite quantité à la fois.
- Laisser chauffer jusqu'à l'obtention d'un caramel en remuant doucement pendant 6 min (consulter l'information sur le caramel à la page 160).
- Retirer du feu et verser la crème chaude sur le caramel tout en remuant avec un fouet.
- Poursuivre la cuisson du mélange de 1 à 2 min à feu moyen, jusqu'à ce qu'il soit assez épais pour être malléable.

FOND DE BISCUIT DE SAVOIE AUX POMMES

- 140 g (1 tasse) de pommes Cortland, Empire, Golden ou Lobo, évidées, pelées et coupées en dés de 5 mm (¼ po)
- 1 c. à café (1 c. à thé) de cannelle moulue
- 3 jaunes d'œufs
- 80 g (⅓ tasse) de sucre de canne
- 80 g (¼ tasse) de farine non blanchie
- 50 g (⅓ tasse) de fécule de maïs
- 3 blancs d'œufs

MOUSSE AUX POMMES

- 3 pommes Cortland, Empire, Golden ou Lobo moyennes, évidées, pelées et coupés en petits cubes de 5 mm (¼ po)
- 2 c. à soupe de beurre non salé
- 3 c. à soupe de sucre de canne
- 185 ml (¾ tasse) de crème 35 %

CARAMEL MOU AUX NOIX

- 125 ml (½ tasse) de crème 35 %
- 3 c. à soupe de sirop de maïs
- 130 g (½ tasse) de sucre de canne
- 1 c. à soupe de beurre non salé
- 85 g (⅔ tasse) de noix de Grenoble, grillées et hachées grossièrement

- Retirer du feu, ajouter le beurre et les noix, puis mélanger.
- Laisser refroidir dans la poêle 10 à 15 min, puis disposer le caramel mou sur le fond de biscuit de Savoie aux pommes.

MONTAGE

- Former des quenelles de mousse aux pommes à l'aide de deux cuillères, les déposer sur le caramel, puis servir avec de la crème anglaise ou de la sauce au caramel (recettes à la page 156).

FINITION OPTIONNELLE

Garnir de croustilles de pomme (recette à la page 149).

CONSEIL DE DOMINIQUE

Il importe que la crème soit chaude avant de la verser sur le caramel chaud. Si elle est froide ou tiède, il y a risque d'éclaboussures qui pourraient causer des brûlures.
Comme le dit le proverbe : mieux vaut prévenir que guérir.

Extravagance intense à la noix de coco

Portions : 6 à 8 • **Préparation :** 45 min • **Cuisson :** 15 min • **Réfrigération :** 24 h
Ustensile : moule rond à charnière de 15 cm (6 po)

FOND DE CHOCOLAT, DE PACANES ET DE NOIX DE COCO

- 30 g (¼ tasse) de pacanes, grillées
- 115 g (¾ tasse) de chocolat au lait, haché
- 2 c. à soupe de noix de coco non sucrée, râpée

CRÈME À LA NOIX DE COCO

- 185 ml (¾ tasse) de lait de coco
- 30 g (⅓ tasse) de noix de coco non sucrée, râpée
- 1 jaune d'œuf
- 2 c. à café (2 c. à thé) de fécule de maïs
- 2 c. à soupe de sucre de canne
- 60 g (¼ tasse) de beurre non salé

CROUSTILLANT AU COCO

- 3 c. à soupe de noix de coco non sucrée, râpée
- 3 c. à soupe de sucre de canne
- 1 c. à soupe d'eau

FOND DE CHOCOLAT, DE PACANES ET DE NOIX DE COCO

- Au robot de cuisine, broyer ensemble tous les ingrédients jusqu'à l'obtention d'une pâte ferme comme de la pâte à modeler.
- Chemiser le moule de pellicule plastique, y déposer la pâte, puis l'étendre avec les doigts en façonnant un rebord de 2,5 cm (1 po).
- Laisser refroidir à température ambiante.

CRÈME À LA NOIX DE COCO

- Dans une casserole, chauffer le lait de coco et le coco râpé sans amener le tout à ébullition.
- Dans un bol, mélanger au fouet le jaune d'œuf, la fécule de maïs et le sucre.
- Incorporer la préparation chaude de coco au mélange précédent.
- Remettre le tout dans la casserole et cuire à feu moyen environ 2 min.
- Ajouter le beurre et émulsionner avec un mixeur plongeant.
- Laisser refroidir 30 min au réfrigérateur, puis verser sur la croûte de tarte.
- Laisser figer au réfrigérateur, idéalement pendant 24 h.

CROUSTILLANT AU COCO

- Préchauffer le four à 180 °C (350 °F) et y faire griller le coco environ 10 min.
- Dans une poêle antiadhésive, faire dorer le sucre et l'eau à feu moyen, puis ajouter le coco grillé et mélanger avec une cuillère de bois de 3 à 4 min.
- Étendre le mélange sur une plaque ou une bande de papier sulfurisé et laisser refroidir à température ambiante.
- Concasser le croustillant avec les doigts et répartir sur le dessus de la tarte.

FINITION OPTIONNELLE

- Garnir de copeaux de coco grillés.

REMARQUE

Cette tarte doit être faite la veille afin de lui donner suffisamment de temps pour figer.

Duo indécent de praliné et de chocolat sur lit de brownie

Portions : 8 • **Préparation :** 1 h • **Cuisson :** 35 min • **Réfrigération :** 30 h
Ustensiles : moule cannelé carré à fond amovible de 23 x 23 cm (9 X 9 po) et plaque à biscuits

PRALINÉ AUX AMANDES ET AUX NOISETTES*

- Cuire tous les ingrédients ensemble à feu doux dans une casserole, jusqu'à caramélisation des amandes et des noisettes en remuant parfois avec une cuillère de bois.
- Verser le mélange sur une plaque à biscuits huilée et laisser bien refroidir à température ambiante.
- Briser le tout en morceaux, puis broyer ceux-ci au robot de cuisine jusqu'à l'obtention d'une pâte crémeuse. Le broyage peut prendre jusqu'à 10 min, car il faut que les noix rendent leur huile naturelle afin qu'une pâte puisse se former. Pour un résultat optimal, ramener de temps à autre la pâte vers le centre du robot avec une spatule.

CHANTILLY PRALINÉE

- Dans un bol, fouetter la crème au malaxeur jusqu'à l'obtention de pics fermes.
- Dans un autre bol, mélanger le praliné doucement avec le tiers de la crème fouettée jusqu'à ce qu'il soit totalement défait. Lorsque les fragments de praliné sont bien distribués, ajouter le reste de la crème fouettée en la pliant avec une spatule. Laisser refroidir 30 min au réfrigérateur.

FOND DE BROWNIE

- Préchauffer le four à 180 °C (350 °F).
- Dans un bol, mélanger avec une spatule le cacao et le bicarbonate de soude, puis ajouter la moitié du beurre fondu et bien mélanger.
- Incorporer graduellement l'eau bouillante, le sucre, l'œuf et le reste du beurre et bien mélanger. Incorporer ensuite la farine, le sel, les grains de chocolat et la vanille et mélanger.
- Beurrer le moule uniformément, y saupoudrer 1 c. à soupe de cacao en poudre et répartir celui-ci sur toute la surface du moule. Taper le moule à l'envers pour enlever l'excédent de cacao.
- Verser la préparation au chocolat dans le moule et cuire environ 35 min. Laisser refroidir à température ambiante.

---

* Cette recette de praliné donne une quantité plus grande que celle nécessaire pour la tarte, car il est difficile de réussir une quantité plus petite à cause de la dimension du robot. Utilisez le reste du praliné, nature ou en le mélangeant à du chocolat fondu, pour tartiner des rôties ou encore pour garnir de la crème glacée.

PRALINÉ AUX AMANDES ET AUX NOISETTES

- 60 g (⅓ tasse) d'amandes entières, grillées
- 55 g (⅓ tasse) de noisettes entières, grillées
- 130 g (½ tasse) de sucre de canne
- 3 c. à soupe d'eau

CHANTILLY PRALINÉE

- 375 ml (1 ½ tasse) de crème 35 %
- 100 g (½ tasse) de praliné aux amandes et aux noisettes

FOND DE BROWNIE

- 70 g (⅓ tasse + 2 c. à soupe) de cacao en poudre
- 1 pincée de bicarbonate de soude
- 60 g (¼ tasse) de beurre non salé, fondu
- 80 ml (⅓ tasse) d'eau bouillante
- 280 g (1 ⅓ tasse) de sucre de canne
- 1 œuf, battu
- 150 g (1 tasse) de farine non blanchie
- 1 pincée de sel marin
- 110 g (½ tasse) de grains de chocolat au choix
- ½ c. à café (½ c. à thé) d'extrait de vanille pur

POUR PRÉPARER LE MOULE

- 1 c. à soupe de beurre non salé
- 1 c. à soupe de cacao en poudre

GANACHE

- 60 ml (¼ tasse) de lait
- 160 ml (⅔ tasse) de crème 35 %
- 235 g (1 ⅓ tasse) de chocolat noir, haché
- 60 g (¼ tasse) de beurre non salé, mou

FINITION

- 80 g (½ tasse) de noisettes, concassées et grillées

GANACHE

- Dans une casserole, chauffer le lait et la crème sans les faire bouillir.
- Dans un bol, verser tout doucement le mélange chaud sur le chocolat en mélangeant avec une cuillère de bois jusqu'à ce que le chocolat soit complètement fondu.
- Ajouter le beurre, puis émulsionner 30 sec avec un mixeur plongeant jusqu'à l'obtention d'une ganache homogène.
- Laisser reposer la ganache 45 min au réfrigérateur jusqu'à ce que sa consistance devienne malléable.

FINITION

- À l'aide d'une poche à pâtisserie, faire des boules de chantilly pralinée et de ganache et en garnir le brownie en alternant comme sur un damier.
- Garnir de noisettes concassées grillées.

RECOMMANDATION DE JOSÉE

Le chocolat mi-amer à 56 % de cacao de Barry avec son goût légèrement sucré et le Maralumi à 64 % de cacao de Michel Cluizel avec ses notes fraîches de banane sont deux excellents choix pour faire cette tarte très chocolat. Le premier, pour une alliance tout en douceur, et le second, pour une union plus contrastée.

Fusion fascinante chocolat-citron-framboises

Portions : 6 à 8 • **Préparation :** 1 h • **Cuisson :** 25 min
Ustensile : moule à tarte cannelé rond à fond amovible de 20 cm (8 po)

FOND DE BISCUIT DE SAVOIE AU CHOCOLAT

- 3 jaunes d'œufs
- 80 g (⅓ tasse) de sucre de canne
- 3 blancs d'œufs
- 40 g (¼ tasse) de farine non blanchie
- 2 c. à soupe de fécule de maïs
- 2 c. à soupe de cacao en poudre

POUR PRÉPARER LE MOULE

- 1 c. à soupe de beurre non salé
- 1 c. à soupe de cacao en poudre

CHANTILLY AU CITRON

- 80 ml (⅓ tasse) de crème 35 %
- 2 c. à soupe de fromage mascarpone
- 1 c. à soupe de sucre de canne
- Zeste fin de 3 citrons entiers

GARNITURE

- 160 g (1 tasse) de framboises fraîches

FINITION OPTIONNELLE

- Coulis de framboises
- Zestes de citron confits

CONSEIL DE DOMINIQUE
Utilisez une râpe de type Microplane pour le zeste, car cet ustensile de cuisine permet d'aller chercher seulement la partie aromatique de l'agrume.

FOND DE BISCUIT DE SAVOIE AU CHOCOLAT

- Préchauffer le four à 180 °C (350 °F).
- Au malaxeur, battre les jaunes d'œufs et le sucre jusqu'au blanchiment du mélange et continuer de battre jusqu'à ce que le volume double.
- Dans un autre bol, monter les blancs d'œufs en neige.
- Mêler ensemble la farine, la fécule de maïs et la poudre de cacao.
- Ajouter les ingrédients secs au mélange de jaunes d'œufs blanchis et bien battre le tout pour former un mélange homogène.
- Incorporer la préparation de jaunes d'œufs au mélange de blancs d'œufs en le pliant avec une spatule.
- Beurrer le moule uniformément, y saupoudrer 1 c. à soupe de cacao en poudre et répartir celui-ci sur toute la surface du moule.
- Taper le moule à l'envers pour enlever l'excédent de cacao.
- Verser la préparation dans le moule et cuire environ 25 min. La cuisson est parfaite lorsqu'un cure-dent inséré dans le biscuit en ressort propre.
- Démouler et laisser refroidir sur une grille.

CHANTILLY AU CITRON

- Au malaxeur, fouetter tous les ingrédients pour obtenir une chantilly bien ferme.

GARNITURE

- Étendre la chantilly au citron sur le fond de biscuit de Savoie.
- Garnir avec les framboises fraîches et servir avec du coulis de framboises (recette à la page 156). Pour régaler les yeux autant que le palais à la manière d'un grand chef, suivre la finition optionnelle proposée.

FINITION OPTIONNELLE

- Une fois le coulis fait, le filtrer à la passoire afin d'enlever les graines, puis le refroidir au réfrigérateur jusqu'à ce qu'il soit épais.
- À l'aide de la lame pointue d'un couteau, déposer de petites gouttes de coulis sur chaque framboise et remplir la cavité de celles dont la disposition le permet.
- Garnir avec les zestes de citron confits (recette à la page 149).

Volupté à la mangue et aux fraises

Portions : 8 à 10 • **Préparation :** 1 h • **Cuisson :** 35 min • **Réfrigération :** 6 h
Congélation : 2 h • **Ustensiles :** moule à tarte cannelé rond à fond amovible
de 20 cm (8 po) et cul-de-poule de 18 cm (7 po)

FOND DE DACQUOIS AUX AMANDES

- Préchauffer le four à 180 °C (350 °F).
- Dans un bol, mélanger la poudre d'amandes et 3 c. à soupe de sucre glace.
- Au malaxeur, monter les blancs d'œufs jusqu'à la formation de pics fermes. Incorporer graduellement le reste du sucre glace (3 c. à soupe), puis le mélange de poudre d'amandes.
- Verser dans le moule et cuire 35 min ou jusqu'à ce qu'un cure-dent inséré dans la pâte en ressorte propre.
- Démouler et laisser refroidir sur une grille.

MOUSSE À LA MANGUE

- Au robot de cuisine, réduire la mangue en purée, puis filtrer celle-ci dans une passoire pour la rendre plus lisse.
- Faire gonfler la gélatine 5 min dans 1 c. à soupe d'eau froide.
- Dans une casserole, chauffer la purée sans la faire bouillir, y incorporer la gélatine et bien mélanger.
- Laisser refroidir au réfrigérateur pendant 1 h jusqu'à ce que le mélange soit froid, mais non figé.
- Au malaxeur, monter la crème, le mascarpone et le sucre jusqu'à ce que le tout soit ferme. Avec une spatule, incorporer la purée de mangue à cette préparation fouettée.
- Tapisser le cul-de-poule de pellicule plastique et y verser la mousse.
- Mettre au congélateur pendant 2 h jusqu'à ce que la mousse soit bien figée afin que le mélange puisse former un dôme une fois démoulé.

GELÉE DE FRAISES À LA MENTHE

- Dans une casserole, chauffer à feu doux les fraises et le sucre environ 5 min, puis les retirer du feu et couvrir la casserole.
- Faire gonfler la gélatine 5 min dans 2 c. à soupe d'eau froide.
- Égoutter les fraises et récupérer le jus.
- Incorporer la gélatine et les feuilles de menthe au jus et bien mélanger.
- Couvrir d'une pellicule plastique et laisser infuser la menthe environ 30 min, puis filtrer le jus à la passoire.
- Mélanger le jus recueilli avec les fraises cuites.

FOND DE DACQUOIS AUX AMANDES

- 120 g (1 tasse + 1 c. à soupe) de poudre d'amandes
- 50 g (⅓ tasse) de sucre glace
- 4 blancs d'œufs

MOUSSE À LA MANGUE

- 250 g (1 ¼ tasse) de mangues bien mûres (1 à 2 mangues selon la grosseur), pelées et coupées en morceaux
- ½ sachet de 7 g (1 c. à café) de gélatine
- 80 ml (⅓ tasse) de crème 35 %
- 2 c. à soupe de fromage mascarpone
- 1 c. à soupe de sucre de canne

GELÉE DE FRAISES À LA MENTHE

- 450 g (3 tasses) de fraises, coupées en quatre
- 90 g (⅓ tasse + 1 c. à soupe) de sucre de canne
- 1 sachet de 7 g (2 c. à café) de gélatine
- 25 feuilles de menthe fraîche, hachées

- Laisser refroidir environ 1 h au réfrigérateur afin de donner un brillant aux fraises.
- Retirer les fraises de la gelée et les réserver au réfrigérateur.
- Remettre la gelée au réfrigérateur dans un contenant à fond plat d'environ 23 cm (9 po), jusqu'à ce qu'elle soit bien figée (environ 4 h).

MONTAGE

- Démouler la mousse à la mangue et la placer au centre du fond de dacquois.
- Disposer les fraises en spirale sur la mousse.
- Concasser la gelée de fraises en fragments avec un couteau.
- Décorer le dessus de la tarte avec les fragments de gelée et des feuilles de menthe.
- Remettre au réfrigérateur pour encore 2 à 3 h avant de servir.

Suprême à l'orange et son croustillant au chocolat

Portions : 6 à 8 • **Préparation :** 45 min • **Cuisson :** 10 min
Réfrigération : 15 min • **Ustensiles :** moule à tarte rond à fond amovible de
20 cm (8 po) et plaque à biscuits

INGRÉDIENTS

FOND DE CRUMBLE AU CHOCOLAT

- 60 g (¼ tasse) de sucre de canne
- 80 g (⅓ tasse) de beurre non salé, mou
- 115 g (½ tasse + 2 c. à soupe) de farine non blanchie
- 1 pincée de sel marin
- 2 c. à soupe de poudre de cacao

CRÈME PÂTISSIÈRE À L'ORANGE

- 125 ml (½ tasse) de jus d'orange, fraîchement pressé
- 1 œuf
- 2 c. à soupe de sucre de canne
- 1 c. à soupe de fécule de maïs
- 60 ml (¼ tasse) de crème 35 %

FINITION

- 3 oranges

PRÉPARATION

FOND DE CRUMBLE AU CHOCOLAT

- Préchauffer le four à 160 °C (325 °F).
- Dans un bol, mélanger avec les mains tous les ingrédients jusqu'à l'obtention d'une pâte homogène.
- Chemiser la plaque à biscuits de papier sulfurisé.
- Prélever le tiers de la pâte et l'effriter sur le papier sulfurisé pour faire un crumble et réserver.
- Avec le reste de la pâte, foncer le fond du moule à tarte, mais non le rebord.
- Cuire le crumble et le fond de tarte 10 min (si le crumble n'est pas assez cuit, il s'effritera facilement).

CRÈME PÂTISSIÈRE À L'ORANGE

- Dans une casserole, porter à ébullition le jus d'orange.
- Dans un bol, battre au fouet l'œuf, le sucre et la fécule de maïs.
- Verser le jus chaud sur le mélange et battre le tout au fouet.
- Remettre le mélange dans la casserole et cuire encore de 1 à 2 min jusqu'à épaississement complet.
- Retirer du feu et laisser refroidir 15 min au réfrigérateur.
- Au malaxeur, fouetter la crème jusqu'à la formation de pics fermes.
- Incorporer la préparation à l'orange refroidie à la crème fouettée.

FINITION

- Prélever les suprêmes des oranges (méthode à la page 160).
- Verser la crème pâtissière à l'orange sur le fond et la recouvrir de crumble.
- Décorer avec des suprêmes d'orange.

Envoûtement céleste au pamplemousse et au chocolat blanc

Portions : 8 à 10 • **Préparation :** 50 min • **Cuisson :** aucune
Réfrigération : 6 h • **Ustensile :** moule à gâteau carré de 23 x 23 cm (9 x 9 po)

FOND CROUSTILLANT DE RIZ SOUFFLÉ ET DE CHOCOLAT BLANC

- Fondre le chocolat blanc au bain-marie, puis le mélanger avec le riz soufflé.
- Chemiser le moule de papier sulfurisé, y verser le mélange et refroidir 30 min au réfrigérateur.

CRÉMEUX AU PAMPLEMOUSSE

- Laisser gonfler la gélatine dans 1 c. à soupe d'eau froide pendant 5 min.
- Dans une casserole, chauffer le jus de pamplemousse.
- Dans un bol, avec une cuillère de bois, mélanger doucement les jaunes d'œufs et le sucre.
- Verser le jus de pamplemousse chaud sur la préparation en mélangeant doucement.
- Remettre la préparation dans la casserole et cuire 2 min à feu moyen en remuant délicatement avec une spatule. Retirer la casserole du feu, incorporer la gélatine et mélanger doucement jusqu'à ce qu'elle soit complètement dissoute.
- Laisser refroidir 20 min au réfrigérateur ou jusqu'à ce que le crémeux soit froid, mais non figé.
- Verser ensuite sur le fond croustillant dans le moule et réfrigérer encore 1 h.

MOUSSE AU CHOCOLAT BLANC

- Dans une casserole, chauffer la crème sans la faire bouillir.
- Dans un bol, verser la crème chaude sur le chocolat et mélanger afin de fondre celui-ci. Laisser refroidir environ 6 h au réfrigérateur.
- Au malaxeur, fouetter la crème chocolatée refroidie jusqu'à la formation de pics fermes.

MONTAGE

- Démouler le fond croustillant recouvert de crémeux de pamplemousse et le placer sur une assiette de service.
- À l'aide d'une poche à pâtisserie, décorer le crémeux au pamplemousse de boules de mousse au chocolat blanc.
- Prélever les suprêmes du pamplemousse (méthode à la page 160) et en décorer le dessus de la tarte.

INGRÉDIENTS

FOND CROUSTILLANT DE RIZ SOUFFLÉ ET DE CHOCOLAT BLANC

- 130 g (½ tasse) de chocolat blanc, haché
- 70 g (2 tasses) de céréales de riz soufflé

CRÉMEUX AU PAMPLEMOUSSE

- ½ sachet de 7 g (1 c. à café) de gélatine
- 250 ml (1 tasse) de jus de pamplemousse rose, fraîchement pressé (environ 2 pamplemousses)
- 4 jaunes d'œufs
- 130 g (½ tasse) de sucre de canne

MOUSSE AU CHOCOLAT BLANC

- 250 ml (1 tasse) de crème 35 %
- 80 g (⅓ tasse) de chocolat blanc, haché

FINITION

- 1 pamplemousse rose

Dolce vita au cappuccino

Portions : 6 à 8 • **Préparation :** 45 min • **Cuisson :** 25 min • **Réfrigération :** 1 h
Ustensile : moule à tarte rond à fond amovible de 20 cm (8 po)

Si vous aimez le café, cette tarte fera assurément la belle vie à votre palais avec son goût de café très intense. Et si vous aimez le chocolat en plus, vous serez doublement comblé ! La vie est effectivement douce parfois…

FOND DE CHOCOLAT AU LAIT, DE RAISINS ET D'AMANDES

FOND DE CHOCOLAT AU LAIT, DE RAISINS ET D'AMANDES

- 170 g (1 tasse) de raisins secs
- 250 ml (1 tasse) d'eau bouillante
- 110 g (½ tasse) de chocolat au lait, haché
- 140 g (½ tasse) de beurre d'amande
- 135 g (1 tasse) de bâtonnets d'amandes, grillés

- Faire gonfler les raisins 30 min dans l'eau bouillante, puis bien les égoutter.
- Fondre le chocolat au bain-marie.
- Dans un bol, mélanger le chocolat fondu et le beurre d'amande.
- Ajouter à la préparation les bâtonnets d'amandes grillés et les raisins égouttés, puis mélanger le tout pour former une pâte.
- Chemiser le moule de pellicule plastique, puis y étaler uniformément la pâte avec les doigts jusqu'au haut du rebord et même au-delà de celui-ci.
- Refroidir 30 min au réfrigérateur, puis démouler.

CRÈME DE CHOCOLAT NOIR AU CAFÉ

CRÈME DE CHOCOLAT NOIR AU CAFÉ

- 250 ml (1 tasse) de crème 35 %
- 30 g (⅓ tasse) de café noir moulu fin
- 135 g (¾ tasse) de chocolat noir, haché

- Dans une casserole, chauffer à feu moyen la crème et le café moulu jusqu'à ébullition.
- Retirer du feu, laisser infuser 10 min, puis porter à ébullition une seconde fois.
- À travers une passoire à fin filet, verser la crème au café chaude sur le chocolat.
- Remuer doucement avec une cuillère de bois pour fondre complètement le chocolat, puis émulsionner 30 sec le mélange avec un mixeur plongeant.
- Laisser refroidir la préparation 1 h au réfrigérateur.
- Une fois la crème refroidie, l'étendre sur le fond de tarte.

FINITION

FINITION

- 250 ml (1 tasse) de crème 35 %
- 1 c. à café (1 c. à thé) de cacao en poudre

- Au malaxeur, fouetter la crème, puis en recouvrir le dessus de la tarte à l'aide d'une poche à pâtisserie.
- Saupoudrer la crème fouettée de cacao en poudre.
- Pour une finale encore plus chocolatée en bouche, servir cette tarte avec de la sauce au chocolat (recette à la page 156).

CONSEIL DE DOMINIQUE

Si la crème de chocolat noir au café est trop collante pour l'étendre, utilisez le dos d'une cuillère mouillée ou enduisez légèrement vos doigts d'huile végétale neutre pour le faire.

RECOMMANDATION DE JOSÉE

Pour un accord enrobant et soyeux avec le café, le chocolat noir à 56 % de cacao de Valrhona est un choix exquis.

Douce rêverie aux bananes et au chocolat

Portions : 6 à 8 • **Préparation :** 1 h • **Cuisson :** 25 min
Temps de repos pour la pâte : 2 h • **Réfrigération :** 12 h
Ustensile : plaque à biscuits

FOND DE PÂTE FEUILLETÉ

- Séparer la pâte feuilletée en deux morceaux égaux.*
- Fariner la surface de travail et abaisser un des morceaux de pâte assez grand pour y détailler une abaisse ronde de 23 cm (9 po) de diamètre.
- Déposer l'abaisse sur la plaque à biscuits et laisser reposer 2 h au réfrigérateur.
- Préchauffer le four à 200 °C (400 °F).
- Badigeonner la pâte d'eau et la saupoudrer de sucre. Cuire au four environ 25 min, soit jusqu'à ce que la pâte soit cuite à cœur. Si la pâte fait des bulles d'air à la cuisson, piquer ces bulles avec un couteau pointu.
- Laisser refroidir sur une grille.

REMARQUE
Préparer la chantilly au chocolat la veille pour simplifier la réalisation de cette tarte.

CHANTILLY AU CHOCOLAT

- Dans une casserole, chauffer la crème et le sucre sans amener le tout à ébullition.
- Dans un bol, verser la préparation chaude sur le chocolat et bien mélanger pour fondre tout le chocolat. Réfrigérer 12 h avant de fouetter.
- Au malaxeur, fouetter la crème chocolatée jusqu'à la formation de pics fermes.
- Réserver au réfrigérateur.

GANACHE

- Dans une casserole, chauffer le lait et la crème sans les faire bouillir.
- Verser sur le chocolat pour le fondre, ajouter le beurre, puis émulsionner 30 sec avec un mixeur plongeant jusqu'à l'obtention d'une ganache homogène. Laisser refroidir 2 h à température ambiante ou jusqu'à consistance malléable.

---

* Comme cette recette ne requiert que la moitié du produit de notre recette de pâte feuilletée rapide, conserver l'autre morceau de pâte pour faire une autre tarte ou encore des bâtonnets de palmier ou des apéros au sésame (recettes à la page 146). Emballée dans de la pellicule plastique, la pâte se gardera facilement un mois au congélateur.

FOND DE PÂTE FEUILLETÉ
- Le produit de notre recette de pâte feuilletée rapide (page 16)
- 1 c. à soupe de sucre de canne

CHANTILLY AU CHOCOLAT
- 250 ml (1 tasse) de crème 35 %
- 2 c. à soupe de sucre de canne
- 65 g (⅓ tasse) de chocolat noir, haché

GANACHE
- 2 c. à soupe de lait
- 80 ml (⅓ tasse) de crème 35 %
- 130 g (⅔ tasse) de chocolat noir, haché
- 60 g (¼ tasse) de beurre non salé, mou

GARNITURE AUX BANANES CARAMÉLISÉES

- 4 bananes, coupées en deux sur la longueur, puis en deux sur la largeur
- 2 c. à soupe de beurre non salé
- 2 c. à soupe de sucre de canne

GARNITURE AUX BANANES CARAMÉLISÉES

• Dans une poêle antiadhésive, à feu moyen, fondre le beurre et le sucre sans les mélanger.

• Ajouter les bananes, puis mélanger le tout en empoignant la poêle et en l'agitant dans un mouvement circulaire sur le feu et hors du feu, en alternance, de façon que le beurre et le sucre fondus se mêlent grâce à la rotation des bananes, et ce, jusqu'à la caramélisation complète de ces dernières. Ne pas utiliser d'ustensile pour cette opération, car cela pourrait faire figer le caramel. Laisser refroidir.

MONTAGE

• Sur la croûte feuilletée, étendre la ganache, puis y déposer les bananes. Garnir avec la chantilly au chocolat à l'aide d'une poche à pâtisserie ou simplement à la cuillère. Pour une rêverie totale, servir avec de la crème anglaise (recette à la page 156).

RECOMMANDATIONS DE JOSÉE

Aux amateurs de chocolat noir qui désirent sentir le goût de la banane se faire merveilleusement envelopper par celui du chocolat, je suggère le Caraïbe de Valrhona. Pour une association subtile aux notes fraîches de banane, je propose plutôt l'Alto El Sol de Cacao Barry. Enfin, pour un goût plus frais en bouche, je recommande le Maralumi de Michel Cluizel.

Petites douceurs du moment serties de canneberges confites

Portions : 4 • **Préparation** : 45 min • **Cuisson** : aucune • **Macération** : 24 h (pour les canneberges) • **Réfrigération** : 1 h • **Ustensiles** : 4 moules individuels rectangulaires à fond amovible de 12 x 6 cm (4 ½ x 2 ½ po)

CANNEBERGES AU SIROP

- 60 ml (¼ tasse) d'eau
- 130 g (½ tasse) de sucre de canne
- 70 g (½ tasse) de canneberges fraîches ou congelées

FOND DE GANACHE ENROBÉE D'AMANDES

- 60 ml (¼ tasse) de crème 35 %
- 140 g (⅔ tasse) de chocolat noir, haché
- 90 g (¾ tasse) d'amandes effilées, grillées

CHANTILLY AU MASCARPONE

- 85 ml (⅓ tasse) de crème 35 %
- 80 g (⅓ tasse) de fromage mascarpone
- 1 c. à soupe de sucre de canne

CANNEBERGES AU SIROP

- Dans une casserole, faire bouillir l'eau et le sucre.
- Verser le sirop chaud dans un petit contenant hermétique et y ajouter les canneberges (elles doivent être entièrement immergées).
- Mettre le couvercle sur le contenant et laisser macérer 24 h au réfrigérateur.

REMARQUE
Préparer les canneberges la veille afin qu'elles soient bien confites.

FOND DE GANACHE ENROBÉE D'AMANDES

- Dans une casserole, chauffer la crème sans la faire bouillir.
- Dans un bol, verser tout doucement la crème chaude sur le chocolat en mélangeant avec une cuillère de bois jusqu'à ce que celui-ci soit complètement fondu.
- Mélanger le tout 30 sec avec un mixeur plongeant jusqu'à l'obtention d'une ganache homogène.
- Répartir la moitié des amandes dans les quatre moules (si des moules sans fond amovible sont utilisés, les tapisser de pellicule plastique).
- Verser la ganache encore chaude à parts égales sur les amandes.
- Distribuer le reste des amandes grillées sur la ganache dans chaque moule.
- Réfrigérer environ 1 h ou jusqu'à ce que les fonds durcissent, puis démouler.

CHANTILLY AU MASCARPONE

- Au malaxeur, fouetter tous les ingrédients ensemble pour obtenir la chantilly.

MONTAGE

- Déposer des rosaces de chantilly sur les fonds de ganache et d'amandes à l'aide d'une poche à pâtisserie.
- Garnir le dessus de la chantilly avec les canneberges au sirop préalablement égouttées.

RECOMMANDATION DE JOSÉE

Avec ses notes acidulées et fruitées, le chocolat Manjari à 64 % de cacao de Valrhona se marie à merveille avec les canneberges.

Délire infiniment chocolat, sésame et truffes

Portions : 8 à 10 • **Préparation :** 1 h • **Cuisson :** aucune • **Réfrigération :** 6 h
Ustensile : moule cannelé rectangulaire à fond amovible de 36 x 13 cm (14 x 5 po)

Cette tarte est une véritable délectation gourmande pour une accro du chocolat comme moi. Le chocolat y abonde presque à l'excès. Pour la créer, Dominique et moi avons laissé libre cours à nos fantaisies les plus chocolatées tout en nous amusant à jouer avec les textures et les combinaisons de saveurs afin de nous surprendre mutuellement. Le fond fait de graines de sésame et de tournesol – et de chocolat, bien sûr – et les truffes aux noisettes en témoignent avec succulence. Fabuleusement moelleuse et croustillante, cette tarte excite les papilles à merveille. Dois-je encore spécifier qu'il s'agit d'un de mes coups de cœur ?

FOND DE CHOCOLAT AU SÉSAME ET AU TOURNESOL

• Fondre le chocolat et le beurre au bain-marie, incorporer les graines de tournesol et de sésame, puis retirer du feu.

• Chemiser le moule de pellicule plastique et y étendre le mélange de chocolat jusqu'au haut des rebords. Laisser refroidir 15 min à température ambiante jusqu'à ce que le fond soit bien figé.

TRUFFES AUX NOISETTES

• Dans une casserole, chauffer la crème sans la faire bouillir. Retirer du feu, verser sur le chocolat dans un bol et mélanger pour fondre complètement le chocolat.

• Mixer le tout 30 sec avec un mixeur plongeant jusqu'à l'obtention d'une ganache homogène. Laisser refroidir 1 h au réfrigérateur.

• Enrober les noisettes grillées de ganache froide et les façonner à la main en boules de 15 mm (¾ po). Réserver au réfrigérateur pour que les truffes deviennent plus fermes.

MOUSSE AU CHOCOLAT AU LAIT

• Dans une casserole, chauffer la crème sans la faire bouillir.

• Dans un bol, verser tout doucement la crème chaude sur le chocolat en mélangeant avec une cuillère de bois jusqu'à ce que celui-ci soit complètement fondu. Refroidir 6 h au réfrigérateur.

• Au malaxeur, fouetter la crème chocolatée refroidie jusqu'à la formation de pics mous. Réserver au réfrigérateur.

CROUSTILLANT AU MIEL ET AU SÉSAME

• Dans une casserole, chauffer le sucre et le miel pendant 3 min afin que le mélange tourne à la couleur caramel. Ajouter le beurre et brasser afin d'avoir un mélange homogène.

FOND DE CHOCOLAT AU SÉSAME ET AU TOURNESOL

• 170 g (1 tasse) de chocolat au lait, haché
• 2 c. à soupe de beurre non salé, fondu
• 145 g (1 tasse) de graines de tournesol, grillées
• 95 g (½ tasse) de graines de sésame, grillées

TRUFFES AUX NOISETTES
pour environ 45 truffes

• 80 ml (⅓ tasse) de crème 35 %
• 160 g (¾ tasse) de chocolat au lait, haché
• 45 noisettes entières, grillées

MOUSSE AU CHOCOLAT AU LAIT

• 250 ml (1 tasse) de crème 35 %
• 65 g (⅓ tasse) de chocolat au lait, haché

CROUSTILLANT AU MIEL ET AU SÉSAME

- 2 ½ c. à soupe de sucre de canne
- 1 c. à soupe de miel
- 50 g (¼ tasse) de beurre non salé
- 110 g (⅔ tasse) de graines de sésame, grillées

• Incorporer ensuite le sésame et cuire le tout 2 min à feu moyen.

• Verser le mélange sur une feuille de papier sulfurisé, le recouvrir d'une autre feuille et l'aplatir à l'aide d'un rouleau à pâtisserie afin d'obtenir une fine plaque de sésame.

• Retirer le papier sulfurisé du dessus et laisser sécher sur le comptoir jusqu'à durcissement (environ 10 min), puis casser le croustillant en morceaux à la main.

MONTAGE

• Verser la mousse au chocolat sur le fond de chocolat au sésame et au tournesol. Déposer les truffes aux noisettes tout le tour de la tarte.

• Juste avant de servir, décorer en piquant des morceaux de croustillant au miel et au sésame sur le dessus de la tarte – il importe de faire cette étape juste avant de servir afin que le croustillant reste bien croquant, l'humidité du réfrigérateur ayant un effet amollissant sur celui-ci.

• Servir avec de la sauce au chocolat noir (recette à la page 156).

CONSEIL DE DOMINIQUE
Pour façonner les truffes facilement, rincez-vous les mains régulièrement à l'eau froide. La ganache collera ainsi moins à vos mains. Si vous avez de la difficulté à former de belles boules rondes, mettez vos truffes au réfrigérateur pendant 1 h. Elles se travailleront alors mieux.

Souvenir au risotto au lait et aux cerises

Portions : 6 à 8 • Préparation : 1 h • Cuisson : 45 min • Réfrigération : 2 h
Ustensile : moule rond à charnière de 23 cm (9 po)

Cette tarte hors du commun est un hommage à deux saveurs qui ont marqué l'enfance de Dominique, soit le riz au lait, qu'il renouvelle ici en l'apprêtant à la façon d'un risotto, et les cerises. Enfant, Dominique aimait grimper dans les cerisiers pour se bourrer de cerises à s'en rendre malade tellement il appréciait ce fruit. Cette création à la hauteur de son engouement pour ces deux saveurs spéciales pour lui est aussi une preuve exquise de son formidable flair pâtissier.

FOND DE PÂTE SUCRÉE

- La moitié du produit de notre recette de pâte sucrée (page 13)*

GARNITURE

- 1 litre (4 tasses) de lait
- 1 gousse de vanille, fendue en deux sur la longueur
- 200 g (¾ tasse) de riz arborio
- 80 ml (⅓ tasse) de miel
- 640 g (4 tasses) de cerises fraîches, dénoyautées et coupées en deux
- 200 g (1 tasse) de sucre de canne
- 1 sachet de 7 g (2 c. à café) de gélatine

FOND DE PÂTE SUCRÉE

- Préchauffer le four à 180 °C (350 °F). Fariner la surface de travail, abaisser la pâte au rouleau à pâtisserie et foncer le fond du moule ou déposer la boule de pâte au centre du moule, puis l'étaler uniformément avec les doigts sur le fond du moule seulement. Cuire le fond au four 45 min. Retirer du four et laisser refroidir à température ambiante environ 30 min.

GARNITURE

- Dans une casserole, faire bouillir le lait et la vanille.
- Retirer la gousse de vanille, prélever les graines à l'intérieur de l'écorce avec la pointe d'un couteau et remettre celles-ci dans le lait.
- Dans une autre casserole, chauffer le riz à feu doux avec 250 ml (1 tasse) de lait chaud et remuer avec une cuillère de bois jusqu'à ce que le riz absorbe complètement le lait. Ajouter encore 250 ml (1 tasse) de lait chaud, puis répéter l'opération jusqu'à ce que le riz absorbe complètement le lait. Incorporer ainsi le reste du lait 250 ml (1 tasse) à la fois.
- Lorsque tout le lait est absorbé par le riz, ajouter le miel, remuer quelques minutes, puis retirer du feu et laisser tiédir.
- Dans une casserole, cuire les cerises avec le sucre à feu moyen de 5 à 7 min – le fruit doit garder sa forme, il ne doit pas compoter.
- Entre-temps, laisser gonfler la gélatine dans 2 c. à soupe d'eau froide pendant environ 5 min. Égoutter les cerises en laissant le jus dans la casserole. Dissoudre la gélatine dans le jus chaud, puis y remettre les cerises et laisser tiédir.

MONTAGE

- Étendre uniformément le risotto sur la croûte bien refroidie, puis laisser le tout refroidir encore 45 min à température ambiante afin que le risotto fige. Recouvrir avec les cerises, réfrigérer 2 h, démouler et servir avec de la crème anglaise (recette à la page 156).

---

* Comme cette recette ne requiert que la moitié du produit de notre recette de pâte sucrée, conserver l'autre moitié de pâte pour faire une autre tarte. Emballée dans de la pellicule plastique, la pâte se gardera facilement un mois au congélateur.

Délice royal au chocolat et au praliné

Portions : 8 • **Préparation :** 1 h • **Cuisson :** 1 h • **Réfrigération :** 6 h
Ustensiles : moule à tarte cannelé carré à fond amovible de 23 X 23 cm
(9 X 9 po) et plaque à biscuits

FOND DE PÂTE SUCRÉE

• Préchauffer le four à 180 °C (350 °F).

• Fariner la surface de travail, abaisser la pâte au rouleau à pâtisserie et foncer le moule ou déposer la boule de pâte au centre du moule, puis l'étaler uniformément avec les doigts à partir du centre jusqu'au haut du rebord du moule.

• Placer une feuille de papier sulfurisé sur la pâte et y déposer 500 ml (2 tasses) de pois secs (cette opération a pour but de garder la pâte en place pendant la cuisson).

• Cuire le fond de tarte au four 30 min.

• Retirer les pois secs et le papier sulfurisé sur la croûte et poursuivre la cuisson encore 15 min, jusqu'à ce que la croûte soit cuite à cœur et bien dorée.

• Retirer du four et laisser refroidir à température ambiante pendant environ 30 min.

PRALINÉ AUX AMANDES ET AUX NOISETTES

• Cuire tous les ingrédients ensemble à feu doux dans une casserole, jusqu'à caramélisation des amandes et des noisettes en les remuant de temps en temps avec une cuillère de bois.

• Verser le mélange sur une plaque à biscuits huilée et laisser bien refroidir à température ambiante.

• Briser le tout en morceaux, puis broyer ceux-ci au robot de cuisine jusqu'à l'obtention d'une pâte crémeuse. Le broyage peut prendre jusqu'à 10 min, car il faut que les noix rendent leur huile naturelle afin qu'une pâte puisse se former. Pour un résultat optimal, ramener de temps à autre la pâte vers le centre du robot avec une spatule.

MOUSSE AU CHOCOLAT NOIR

• Dans une casserole, chauffer la crème et le sucre sans les porter à ébullition.

• Verser la crème chaude sur le chocolat et bien fondre celui-ci.

• Mixer le mélange avec un mixeur plongeant, jusqu'à consistance homogène. Laisser refroidir environ 6 h au réfrigérateur.

• Au malaxeur, fouetter la crème chocolatée jusqu'à la formation de pics mous. Laisser refroidir 2 h au réfrigérateur.

FOND DE PÂTE SUCRÉE

• Le produit de notre recette de pâte sucrée (page 13)

PRALINÉ AUX AMANDES ET AUX NOISETTES

• 60 g (⅓ tasse) d'amandes entières
• 60 g (⅓ tasse) de noisettes entières
• 130 g (½ tasse) de sucre de canne
• 3 c. à soupe d'eau

MOUSSE AU CHOCOLAT NOIR

• 250 ml (1 tasse) de crème 35 %
• 1 c. à soupe de sucre de canne
• 65 g (⅓ tasse) de chocolat noir, haché

AMANDES SUPRÊMES

- 100 g (1 tasse) d'amandes effilées
- 2 c. à soupe de sucre de canne
- ½ c. à soupe de miel
- 60 g (¼ tasse) de beurre non salé

FINITION OPTIONNELLE

- Noisettes caramélisées (recettes à la page 150)

AMANDES SUPRÊMES

- Dans une casserole, chauffer à feu moyen-vif les amandes, le sucre et le miel de 3 à 4 min, jusqu'à ce que les amandes deviennent dorées et que la consistance soit collante à la cuillère.
- Incorporer le beurre et cuire 2 min.
- Verser le mélange sur une feuille de papier sulfurisé, le couvrir avec une autre feuille de papier sulfurisé, puis aplatir les amandes chaudes en une fine couche à l'aide d'un rouleau à pâtisserie.
- Retirer le papier sulfurisé du dessus, puis laisser refroidir pendant 10 min à température ambiante.
- Briser les amandes suprêmes en morceaux pour décorer la tarte.

MONTAGE

- Recouvrir la croûte de praliné aux amandes et aux noisettes. Verser la mousse au chocolat sur le praliné. Décorer avec les morceaux d'amandes suprêmes et, si désiré, de noisettes caramélisées au goût.

RECOMMANDATION DE JOSÉE

Pour parfaire cette association de saveurs tout en réduisant l'effet sucré du praliné, je privilégie le chocolat noir Mangaro à 65 % de cacao de Michel Cluizel, car son goût complète à merveille celui du praliné.

IDÉES SAVOUREUSES

Lorsque j'ai commencé à développer le projet de ce livre, je tenais à ce qu'il respire la créativité, à ce qu'il en soit si imprégné qu'il en devienne contagieux. Je le voyais comme une bougie d'allumage à même d'inspirer toute personne aimant cuisiner à repousser ses propres limites culinaires et à y prendre un vif plaisir. Dans cet esprit, cette section sur les idées savoureuses est probablement celle qui touche le plus à l'essence de mon intention. Ici, la créativité se déploie sous une multitude de formes. Nous vous proposons des pistes qui vous invitent à donner un deuxième souffle, à métamorphoser en une variété d'autres délices ou à enjoliver avec finesse et cachet les recettes des sections précédentes. De là, il n'en tient qu'à vous de partir en exploration avec toute votre créativité et votre audace pour en défricher de nouvelles. Tout un monde de délectation est à votre portée. Prenez plaisir à le parcourir et à y faire jaillir les plus friandes découvertes.

Idées pâtissières

RETAILLES DE PÂTE

Que faire avec vos retailles de pâte ? Les cuisiner, bien sûr ! Il y a toutes sortes de petites recettes faciles à faire pour les récupérer de savoureuses façons. En voici trois qui ne manqueront pas de faire le délice de tout votre monde.

Nombrils-de-sœurs

Retailles de pâte brisée
Cassonade et cannelle moulue

• Faire une boule de pâte avec les retailles, puis l'étendre au rouleau à pâtisserie.
• Saupoudrer la cassonade et la cannelle sur la pâte.
• Rouler la pâte, la couper en rondelles, puis déposer celles-ci sur une plaque à biscuits.
• Cuire au four à 180 °C (350 °F) de 15 à 20 min, jusqu'à ce que les nombrils soient dorés.

Bâtonnets de palmier

Retailles de pâte feuilletée
Sucre de canne

• Faire une boule de pâte avec les retailles, puis l'étendre au rouleau à pâtisserie.
• Tailler des bâtonnets d'environ 10 cm x 1 cm (4 po x ⅜ po).
• Vaporiser d'eau les bâtonnets, les rouler dans le sucre, les torsader et les déposer sur une plaque à biscuits.
• Cuire les bâtonnets au four à 180 °C (350 °F) environ 20 min, jusqu'à ce qu'ils soient bien dorés.

Apéros au sésame

Retailles de pâte feuilletée
Graines de sésame
Sel, poivre ou épices au choix (cari, cajun, barbecue ou autres)

• Faire une boule de pâte avec les retailles, puis l'étendre au rouleau à pâtisserie.
• Placer la pâte sur une feuille de papier sulfurisé et la badigeonner d'eau.
• Couvrir la pâte de graines de sésame.
• Saler et poivrer et/ou assaisonner avec les épices choisies.
• Découper en petits rectangles d'environ 5 x 3 cm (2 x 1 po).
• Glisser le papier sulfurisé avec les rectangles sur une plaque à biscuits.
• Cuire au four à 180 °C (350 °F) pendant environ 25 min jusqu'à ce qu'ils soient bien dorés.

BISCUITS

Plusieurs des fonds de tarte que nous avons développés peuvent se métamorphoser en délicieux biscuits. Voici nos suggestions préférées.
À vous de mélanger les pâtes, ingrédients et épices de votre choix pour en créer d'autres tout aussi succulents.

Sablés au chocolat et aux noisettes

Le produit d'une recette de pâte sucrée au chocolat (page 14)
Noisettes grillées ou concassées au choix
Sucre de canne

• Incorporer la quantité de noisettes désirée dans la boule de pâte vers la fin du pétrissage (une fois la pâte refroidie, il est plus difficile de le faire).
• Former un rouleau de 3 à 4 cm (1 ¼ à 1 ¾ po) de diamètre avec la pâte.
• Refroidir la pâte au réfrigérateur environ 1 h ou jusqu'à ce qu'elle durcisse.
• Humecter d'eau le rouleau de pâte refroidi et le rouler dans le sucre.
• Découper la pâte en tranches de 1 cm (⅜ po) d'épaisseur.
• Cuire les biscuits à cœur au four à 180 °C (350 °F) de 15 à 30 min, selon leur grosseur.

VARIANTES
Vous pouvez remplacer les noisettes par des morceaux de chocolat ou d'autres variétés de noix.

Sablés au beurre

Le produit d'une recette de pâte sablée (page 15)
Sucre de canne

• Étendre la pâte au rouleau à 0,5 cm (⅜ po) d'épaisseur et la détailler avec un verre ou un emporte-pièce cannelé (répéter avec les retailles).
• Badigeonner d'eau le dessus des pièces de pâte et les saupoudrer généreusement de sucre.
• Déposer les pièces sur une plaque à biscuits chemisée de papier sulfurisé et les cuire à cœur à 180 °C (350 °F) de 15 à 20 min, selon leur grosseur, jusqu'à ce que les sablés soient dorés.

Biscuits à l'avoine et aux pacanes

Le produit d'une recette de fond aux pacanes et aux flocons d'avoine (page 106)

• Former des petites boules de pâte et les aplatir légèrement.
• Cuire les biscuits au four à 180 °C (350 °F) de 15 à 20 min, selon leur grosseur.

Biscuits croquants

Le produit d'une recette de pâte biscuit (page 15)
Ingrédients au choix (grains de chocolat, noix, fruits secs, agrumes confits, épices, etc.)
1 œuf, battu

• Incorporer la quantité d'ingrédients désirée dans la boule de pâte vers la fin du pétrissage (une fois la pâte refroidie, il est plus difficile de le faire).
• Former des petites boules de pâte et les aplatir légèrement.
• Badigeonner d'œuf battu et garnir de noix ou autre, au goût.
• Cuire les biscuits à cœur au four à 180 °C (350 °F) de 15 à 30 min, selon leur grosseur.

FRIANDISES GOURMANDES AU CHOCOLAT

Vous raffolez du chocolat ? Vous adorerez ces friandises maison fort simples à faire. Il suffit de commencer avec la recette indiquée, puis de suivre la méthode ci-dessous. Laissez ensuite aller votre créativité et inventez-en d'autres avec vos fonds préférés !

- Faire la recette selon les indications.
- Étendre la pâte dans un moule carré ou rectangulaire ou sur une plaque à biscuits chemisée de papier sulfurisé.
- Faire cuire la pâte selon les indications spécifiées, le cas échéant.

- Découper ou modeler la pâte une fois qu'elle est bien refroidie – pour les truffes, faire des boules et les rouler dans le cacao ; pour les pavés, briser la pâte en morceaux de grosseurs variées.
- Conserver les friandises au réfrigérateur.

Carrés au brownie

Recette du brownie du *Duo indécent de praliné et de chocolat sur lit de brownie* (page 122).

Barres au chocolat, au sésame et au tournesol

Recette du fond de la tarte *Délire infiniment chocolat, sésame et truffes* (page 138).

Triangles au chocolat, aux pacanes et à la noix de coco

Recette du fond de la tarte *Extravagance intense à la noix de coco* (page 121).

Truffes aux raisins, au chocolat et aux amandes

Recette du fond de la tarte *Dolce vita au cappuccino* (page 133).

Pavés au chocolat, au riz soufflé et au beurre d'arachide

Recette du biscuit de la *Tarte-sandwich glacée au chocolat* (page 105).

Vous aimez ajouter une jolie touche de finition à vos tartes ? Que ce soit pour le plaisir de la chose ou pour une occasion spéciale, voici quelques décorations simples à réaliser qui ne manqueront pas d'ajouter couleurs ou saveurs à vos tartes. Vous pouvez même les préparer à l'avance pour vous faciliter la vie. À vous maintenant de choisir celle qui garnira votre prochaine tarte !

Croustilles de fruit

Fruit au choix (pomme, poire, orange, citron, lime ou autre)
Sucre glace

- Trancher finement le fruit à la mandoline ou au couteau dentelé (utiliser le couteau pour les agrumes).
- Tremper les deux côtés des tranches de fruit dans le sucre glace.
- Faire cuire au micro-ondes à allure maximale pendant 3 min en tournant les tranches à chaque minute (la consistance doit être tendre).
- Faire sécher au four à 80 °C (175 °F) pendant environ 4 h ou jusqu'à ce que les croustilles soient bien sèches.
- Laisser les croustilles à l'air libre une journée afin qu'elles sèchent, puis les mettre dans une boîte fermée hermétiquement.
- Ces croustilles se conservent une semaine.

CONSEIL DE DOMINIQUE

Mettez les croustilles sur la tarte juste avant de la servir afin qu'elles ne ramollissent pas au réfrigérateur. Si vous voyez que les croustilles sont humides, remettez-les au four de 1 à 2 h à 80 °C (175 °F).

Copeaux de chocolat

1 tablette de chocolat noir ou au lait

- À l'aide d'un économe, faire des copeaux en éminçant le côté de la tablette sur son sens le plus long, du haut vers le bas (comme pour une carotte).
- Noter que les copeaux faits avec une tablette de chocolat noir seront plus courts que ceux faits avec une tablette de chocolat au lait.

Zestes ou tranches d'agrumes confits

1 à 2 agrumes au choix (orange, citron, lime)
250 ml (1 tasse) d'eau
330 g (1 ½ tasse) de sucre de canne

Zestes
- Faire de minces lames de zeste avec un économe.
- Couper chaque lame en fines allumettes avec un couteau.

Tranches
- Couper les agrumes en tranches fines.

Zestes et tranches
- Dans une casserole, porter l'eau et le sucre à ébullition afin d'en faire un sirop.
- Verser le sirop chaud dans un contenant hermétique, y mettre les zestes ou les tranches d'agrumes, bien fermer avec le couvercle et laisser refroidir à température ambiante.
- Lorsque le tout est refroidi, réfrigérer pendant 24 h.
- Égoutter les zestes ou les tranches, puis en décorer au goût le dessus de la tarte.
- Les zestes et les tranches peuvent se conserver un mois au réfrigérateur dans le sirop.

Noix caramélisées
au sirop d'érable

100 g (1 tasse) de noix (noix de Grenoble,
   pacanes, cachous)
60 ml (¼ tasse) de sirop d'érable

- Préchauffer le four à 160 °C
(325 °F).
- Griller les noix au four pendant
15 min.
- Lorsque les noix sont grillées,
éteindre le four et les laisser au
chaud dans le four.
- Dans une poêle antiadhésive, à
feu vif, porter le sirop d'érable à
ébullition, puis réduire à feu doux
et laisser mijoter pendant 2 min.
- Verser les noix chaudes dans
le sirop d'érable et cuire à feu
doux en mélangeant constamment
jusqu'à ce que les noix soient bien
caramélisées.
- Étendre les noix sur une plaque
à biscuits chemisée d'un papier
sulfurisé et laisser refroidir.
- Une fois les noix bien sèches,
casser les grappes si nécessaire, puis
utiliser les noix pour la finition ou
les manger comme collation.
- Ces noix se conservent au sec
dans un contenant hermétique.

Noix caramélisées
au sucre de canne

150 g (1 tasse) de noix (noisettes, amandes,
   arachides, pistaches)
60 g (¼ tasse) de sucre de canne
2 c. à soupe d'eau

- Préchauffer le four à 160 °C
(325 °F).
- Griller les noix au four pendant
10 min.
- Lorsque les noix sont grillées,
éteindre le four et les laisser au
chaud dans le four.
- Dans une poêle, cuire à feu vif le
sucre et l'eau pendant 3 min.
- Mélanger les noix au sucre, retirer
du feu et continuer de mélanger
quelques minutes jusqu'à ce que
les noix soient bien enrobées de
caramel.
- Étendre sur une plaque à biscuits
chemisée d'un papier sulfurisé.
- Une fois les noix bien sèches,
casser les grappes si nécessaire, puis
utiliser les noix pour la finition ou
les manger comme collation.
- Ces noix se conservent au sec
dans un contenant hermétique.

Croustilles de fruit

Copeaux de chocolat

Zestes et tranches d'agrumes confits

Noix caramélisées au sirop d'érable

Indulgences choco-bananes

Îles exotiques

Bâtonnets tricolores

Croquants crémeux aux arachides

Idées de mignardises

Vous faites une soirée cocktail et cherchez de bonnes idées pour sucrer le bec de vos invités au dessert ? Voici cinq succulents exemples de mignardises que vous pouvez préparer à partir des recettes de ce livre. Voyez-les comme une invitation à jongler avec nos diverses recettes pour en concevoir d'autres variétés selon vos préférences.

Indulgences choco-bananes

- À la base, des petits carrés de 4 cm (1 ½ po) de fond de chocolat au sésame et au tournesol (page 138).
- Recouvrir ensuite les carrés de mousse au chocolat au lait (page 138).
- Pour la finition, garnir la mousse avec des bananes caramélisées (page 135).

Îles exotiques

- À la base, des rondelles de 4 cm (1 ½ po) de diamètre de fond de pâte sucrée (page 32).
- Recouvrir ensuite les rondelles de crème pâtissière (page 82) ou de chantilly (page 156).
- Pour la finition, garnir de fruits exotiques hachés (kiwi, mangue ou autre).

Bâtonnets tricolores

- À la base, des bâtonnets de 8 x 2 cm (3 x ¾ po) de fond de brownie (page 122).
- Recouvrir ensuite les bâtonnets de mousse au chocolat blanc (page 130).
- Pour la finition, décorer la mousse avec des fraises fraîches.

Croquants crémeux aux arachides

- À la base, des rondelles de 4 cm (1 ½ po) de diamètre de biscuit de riz soufflé, de chocolat et de beurre d'arachide (page 105).
- Recouvrir ensuite les rondelles de chantilly (page 156).
- Décorer la chantilly d'arachides grillées et concassées ou de noix caramélisées (page 150).

Petites indécences choco-framboises

- À la base, des petites rondelles de 4 cm (1 ½ po) de diamètre de fond de brownie (page 122).
- Recouvrir ensuite les rondelles de brownie de ganache (page 123) ou de chantilly (page 156).
- Pour la finition, décorer la ganache de framboises fraîches.

Petites indécences choco-framboises

Idées de verrines

Vous avez un faible pour les verrines ? Amusez-vous à créer les vôtres à partir des recettes proposées dans ce livre. Les possibilités n'ont de limite que votre imagination. Alors, laissez aller votre créativité et promenez-vous de recette en recette pour créer des petits desserts aussi uniques qu'alléchants. Pour vous lancer, nous vous en proposons cinq de notre cru. Puissent-elles vous inspirer à en inventer une foule d'autres !

Escale tropicale

Escale tropicale

- Un fond de crème à la noix de coco (page 121).
- Une couche de mousse à la mangue (page 126).
- Du croustillant au coco pour garnir le tout (page 121).

Velours rubis

- Un fond de chapelure de pâte sucrée (page 60).
- Une première couche de chantilly au mascarpone (page 137).
- Une couche de confiture de fraises maison ou du commerce.
- Une deuxième couche de chantilly au mascarpone.
- Une couche de framboises fraîches sur le dessus.

Mont Chocolat ensoleillé

- Un fond de mousse au chocolat au lait (page 138).
- Une couche de crumble au chocolat (page 129).
- Une couche de mousse au chocolat noir (page 142).
- Des suprêmes d'orange pour ensoleiller le dessus (méthode à la page 160).

Péché d'Adam

- Un fond de mousse au caramel (page 102).
- Une couche de garniture de pommes poêlées à la cannelle (page 117).
- Une deuxième couche de mousse au caramel.
- Du croustillant au miel et au sésame pour la touche de finition (page 139).

Brise de fraîcheur

- Un fond de gelée de pamplemousse concassée au couteau (page 94).
- Une couche de fraises coupées en petits dés.
- Quelques feuilles de menthe sur le dessus en finition.

Velours rubis

Mont Chocolat ensoleillé

Péché d'Adam

Brise de fraîcheur

Coulis, sauces et crèmes

Vous voulez doubler votre plaisir et celui de vos gens ? Nappez vos tartes de coulis ou de crème afin de leur ajouter une petite signature gourmande et séduisante pour le plus grand bonheur des yeux et des papilles. Nous vous proposons ici les grands classiques du genre. Puissent-ils vous inspirer bien d'autres délices !

Coulis de framboises ou de fraises

165 g (¾ tasse) de sucre de canne
125 ml (½ tasse) d'eau
450 g (3 tasses) de framboises ou de fraises

- Porter le sucre et l'eau à ébullition, puis verser le tout sur les framboises.
- Bien mélanger au mixeur plongeant.
- Pour un coulis sans pépins, si désiré, le filtrer dans une passoire à fin filet alors qu'il est encore chaud.
- Ce coulis se conserve deux semaines au réfrigérateur.

Sauce au chocolat

250 ml (1 tasse) de crème 35 %
110 g (½ tasse) de chocolat noir, haché

- Chauffer la crème sans la faire bouillir, puis la verser sur le chocolat.
- Bien mélanger au mixeur plongeant.
- Réchauffer légèrement avant de servir.
- Cette sauce se conserve une semaine au réfrigérateur.

Sauce au caramel

130 g (½ tasse) de sucre de canne
3 c. à soupe d'eau
250 ml (1 tasse) de crème 35 % chaude (lire le conseil de Dominique)

- Dans une casserole, chauffer à feu moyen le sucre et l'eau jusqu'à l'obtention d'un caramel.
- Retirer la casserole du feu, ajouter graduellement la crème chaude et bien mélanger.
- Cette sauce se conserve une semaine au réfrigérateur.

Crème chantilly

½ gousse de vanille
250 ml (1 tasse) de crème 35 %
2 c. à soupe de sucre de canne

- Couper la gousse de vanille en deux sur le sens de la longueur, gratter les graines avec un couteau et les mettre dans la crème.
- Fouetter la crème et les graines de vanille avec le sucre jusqu'à la formation de pics fermes.
- La crème chantilly doit être consommée le jour même et préparée juste avant d'être servie idéalement.

> ### CONSEIL DE DOMINIQUE
> Il importe que la crème soit chaude avant de la verser sur le caramel chaud. Si elle est froide, il y a risque d'éclaboussures qui pourraient causer des brûlures. Comme le dit le proverbe : mieux vaut prévenir que guérir.

Crème anglaise

200 ml (¾ tasse + 1 c. à soupe) de lait
95 g (⅓ tasse + 1 c. à soupe) de sucre de canne
5 jaunes d'œufs

- Dans une casserole, chauffer le lait à feu moyen-vif sans le faire bouillir.
- Dans un bol, mélanger le sucre et les jaunes d'œufs, puis ajouter le lait chaud et mélanger de nouveau.
- Remettre le tout dans la casserole sur le feu pendant 2 min en brassant continuellement.
- Retirer du feu et passer au mixeur plongeant pendant 1 à 2 min.
- Laisser reposer à température ambiante.
- La crème anglaise se conserve deux jours au réfrigérateur.

Coulis aux framboises

Sauce au chocolat

Crème anglaise

Sauce au caramel

Crème chantilly

NOTE GOURMANDE
Pour relever le goût de la crème anglaise, vous pouvez l'aromatiser en y ajoutant 1 ou 2 c. à soupe de liqueur. Voici quelques suggestions :

• du rhum, pour accompagner les tartes avec des bananes, des pommes ou du chocolat ;

• du calvados, pour les tartes avec des pommes ;

• du Grand Marnier, pour les tartes avec des agrumes.

TRUCS ET RENSEIGNEMENTS CULINAIRES

Ce livre ne serait pas complet s'il ne vous offrait pas tout
le bagage de connaissances essentielles pour vous permettre de
visiter à votre guise les nombreuses contrées de l'univers
de la tarterie. À cette fin, vous trouverez donc dans cette
section une abondance de précisions, méthodes d'utilisation,
conseils de cuisson, recommandations, définitions et autre
information pour vous éclairer ou vous simplifier la vie
au besoin ainsi que les recettes complémentaires requises
pour bien vous rendre à la finition. De quoi vous
donner accès à toutes nos « destinations »!

AGAR-AGAR

Achat

Substance végétale, extraite d'algues rouges, constituée de pectine et ayant la propriété de gonfler dans l'eau. Substitut végétarien à la gélatine, l'agar-agar est vendu en flocons ou en poudre. On le trouve facilement dans les épiceries asiatiques et dans les magasins d'aliments naturels.

Méthode d'utilisation

• Faire chauffer 500 ml (2 tasses) de liquide (eau, jus ou autre) à température minimum de 85 °C (185 °F) – c'est la température minimum requise pour bien dissoudre l'agar-agar.

• Verser 1 ½ c. à café (1 ½ c. à thé) de poudre d'agar-agar ou 2 c. à soupe de flocons d'agar-agar dans le liquide, porter à ébullition, puis réduire le feu et mijoter pendant 5 à 10 min jusqu'à ce que l'agar-agar soit complètement dissous.

• Incorporer ensuite immédiatement à la préparation selon les indications de la recette afin de figer la préparation rapidement.

REMARQUE

Selon le type ou la marque d'agar-agar utilisé, la quantité requise pour l'épaississement peut varier. C'est à l'essai que vous pourrez le déterminer ou en suivant les indications sur l'emballage.

AGRUMES

Pelage à vif

Opération qui consiste à enlever l'écorce et la peau blanche du fruit au couteau afin de mettre la pulpe à nu.

Prélèvement des suprêmes

Peler l'agrume à vif, puis retirer la chair entre ses membranes à l'aide d'un couteau très coupant.

Prélèvement du zeste ou des zestes

Commencer par bien laver la peau de l'agrume – l'écorce des agrumes est souvent recouverte de pesticide. Pour faire du zeste, c'est-à-dire de l'écorce granulée, utiliser une râpe très fine, de type Microplane, afin de prélever seulement la peau colorée du fruit, là où se concentre son huile essentielle et, par conséquent, son arôme. Pour faire des zestes, c'est-à-dire de fines lanières ou lamelles d'écorce, utiliser plutôt un zesteur ou un économe afin de prélever de longues bandes minces, de largeurs variées selon l'ustensile employé. Dans les deux cas, éviter de prélever la peau blanche, car celle-ci est amère. Le zeste sert avant tout à parfumer, les zestes, à décorer.

BEURRE NON SALÉ

Recommandation

Nous privilégions l'utilisation du beurre non salé afin d'avoir la pleine maîtrise sur la quantité de sel que nous mettons dans nos recettes. Si vous n'avez que du beurre salé, réduisez la quantité de sel dans la recette au goût.

CARAMEL

Cuisson

Pour bien réussir un caramel, il faut être très attentif à sa cuisson, car il brûle très vite lorsqu'il est trop cuit. Le caramel passe de translucide à blanc, à blond et enfin à brun. Il est prêt lorsqu'il est brun. S'il est noir, il est évidemment complètement brûlé. Si vous voulez un caramel au goût doux, cessez la cuisson lorsqu'il est brun pâle. Si vous recherchez plutôt un caramel au goût prononcé et légèrement amer, attendez qu'il soit brun foncé avant d'arrêter la cuisson. En général, les Nord-Américains préfèrent le caramel doux et les Européens, le caramel plus corsé. Un petit truc de nettoyage : lorsque vous avez terminé votre caramel, faites aussitôt bouillir de l'eau dans votre casserole avec les autres ustensiles utilisés. Cela fera fondre le caramel collé sur ceux-ci et facilitera le nettoyage.

CARAMEL MOU

La clé de la réussite est l'ajout de la crème chaude au bon moment, soit lorsqu'il n'y a plus d'eau dans la préparation et que la couleur passe du blond au brun. La densité de la vapeur qui se dégage de la casserole vous sert d'indice. Moins il reste d'eau, plus la vapeur devient opaque et c'est alors que la couleur change. Il faut ajouter la crème chaude dès que la couleur de la préparation devient brun pâle ou foncé selon votre goût. Une fois cette couleur atteinte, vous devez incorporer la crème chaude et retirer aussitôt la casserole du feu. Il importe que la crème soit chaude pour ne pas figer le caramel et pour éviter qu'elle ne produise des éclaboussures pouvant causer des brûlures, ce qui se produira si vous utilisez de la crème froide ou tiède.

CARAMEL CROQUANT

Pour faire du caramel croquant, vous devez poursuivre la cuisson de 3 à 5 min une fois la crème ajoutée, soit jusqu'à ce que le caramel devienne très épais – une fois la crème ajoutée, le goût ne change plus (à moins que vous ne poursuiviez la cuisson du caramel plus de 5 min après l'avoir incorporée). Étendez ensuite le caramel sur une feuille de papier sulfurisé et laissez-le durcir à température ambiante. Lorsqu'il aura durci, cassez-le en morceau pour l'utiliser dans vos recettes de tartes, de muffins, de biscuits ou autres ou encore pour le manger nature en le laissant fondre dans la bouche.

CHOCOLAT
Achat

L'essentiel quand vous choisissez du chocolat, c'est d'être familier avec la signification des pourcentages indiqués sur les emballages, car ils vous renseignent sur la quantité de produits de cacao utilisés dans la production du chocolat et sur l'intensité de celui-ci. Ainsi un chocolat à 70 % de cacao veut dire qu'il est constitué de 70 % de produits de cacao, dont du beurre de cacao

et de la masse de cacao (aussi appelée pâte ou liqueur de cacao). Normalement, seuls les produits constitués avec du beurre de cacao peuvent être désignés comme du chocolat. Pour ce qui est du pourcentage, moins il est élevé, plus le goût du chocolat est doux et sucré et plus il est élevé, plus le goût du chocolat est intense et parfois même amer. Vous devez aussi considérer que le premier ingrédient de la liste d'ingrédients est toujours celui dont la quantité est la plus importante dans le produit.

CHOCOLAT NOIR

Chocolat principalement constitué de produits de cacao et de sucre. Selon le pourcentage de ces ingrédients inclus dans sa production, son goût peut varier de doux à très corsé. Les pourcentages les plus courants pour le contenu en cacao se situent entre 55 et 70 % – le contenu en sucre comptant pour la presque totalité du reste du pourcentage. La plupart des gens préfèrent le chocolat avec de 55 à 60 % de produits de cacao. Le chocolat noir, aussi appelé chocolat amer, mi-amer, mi-sucré ou fondant, est la forme de chocolat la plus authentique.

CHOCOLAT AU LAIT

Chocolat constitué de produits de cacao, de sucre et de lait, de crème ou de poudre de lait. Il doit contenir au moins 25 % de produits de cacao et 12 % de solides du lait. Son goût est plus doux que le chocolat noir et sa couleur, plus pâle que celle de ce dernier.

CHOCOLAT BLANC

Chocolat constitué de beurre de cacao, de sucre, de lait et d'un ou plusieurs arômes – la vanille le plus souvent. Le chocolat blanc ne contient pas de masse de cacao. La couleur ivoire du produit s'explique du fait que le beurre de cacao est une matière grasse végétale, obtenue par la pression des fèves de cacao, dont la couleur est généralement jaune ivoire (elle peut aussi tirer vers le marron).

Sélection

Nous ne spécifions pas la teneur en cacao du chocolat dans nos recettes, car nous préférons vous laisser le choix d'utiliser le chocolat qui correspond le mieux à votre goût. J'ai toutefois fait des recommandations pour certaines recettes où le chocolat était un ingrédient clé. Globalement, nous vous recommandons de privilégier le chocolat produit par des artisans chocolatiers ou des grandes maisons au savoir-faire reconnu, tels que Michel Cluizel, Valrhona et Cacao Barry, car leurs produits sont faits avec des ingrédients de choix, dont des fèves de cacao sélectionnées, et dans le respect des méthodes de production les plus raffinées. Vous trouverez ce type de produits dans les boutiques de gourmet ou spécialisées. Afin de vous guider dans votre choix de chocolat, nous vous proposons une liste de chocolats que nous aimons recommander.

RECOMMANDATIONS CHEZ CACAO BARRY

Les chocolats de Cacao Barry sont généralement offerts sous forme de petits disques dans des boîtes de 1 kg. Certaines boutiques spécialisées offrent aussi des sachets maison de plus petite quantité.

Gamme Origines	Caractéristiques
Tanzanie	• Chocolat noir à 76 % de cacao • Goût intense et acidulé, aux doux accents d'épices et de fruits
Saint-Domingue	• Chocolat noir à 70 % de cacao • Goût très prononcé, avec des notes fruitées et exotiques
Mexique	• Chocolat noir à 66 % de cacao • Goût amer et acidulé, avec une délicate pointe de réglisse
Ghana	• Chocolat au lait à 40 % de cacao • Goût caractéristique, à l'arôme de noisettes, avec un soupçon de caramel
Gamme Plantations	**Caractéristiques**
Alto (Pérou)	• Chocolat noir à 65 % de cacao • Goût long en bouche, avec des accents fruités et une nette pointe d'acidité
Oropucce (Trinidad)	• Chocolat noir à 65 % de cacao • Goût intense, fortement cacaoté et légèrement fruité et vineux
Madirofolo (Madagascar)	• Chocolat noir à 65 % de cacao • Goût équilibré, fruité, acidulé et empreint d'une douce amertume
Chocolats de couverture	**Caractéristiques**
Favorites mi-amère	• Chocolat noir à 58 % de cacao • Goût légèrement sucré et épicé, aux saveurs aromatiques puissantes et persistantes

RECOMMANDATIONS CHEZ VALRHONA

Les chocolats de Valrhona sont offerts en tablettes. Ceux de la gamme Grands crus sont présentés dans des emballages en carton alors que ceux de la gamme originale sont vendus dans des emballages en papier.

Gamme Grands crus	Caractéristiques
Abinao	• Chocolat noir à 85 % de cacao • Goût puissant et tannique, très amer et délicatement acidulé
Guanaja	• Chocolat noir à 70 % de cacao • Goût affirmé et amer, avec une légère acidité et d'agréables flaveurs
Alpaco	• Chocolat noir à 66 % de cacao • Goût intense et amer, aux accents floral, boisé et de fruits secs grillés
Caraïbe	• Chocolat noir à 66 % de cacao • Goût équilibré, voluptueux, amer et légèrement acidulé, aux notes de fruits secs grillés
Manjari	• Chocolat noir à 64 % de cacao • Goût frais, acidulé et fruité, avec un arôme délicat de fruits secs grillés
Taïnori	• Chocolat noir à 64 % de cacao • Goût marqué de fruits secs grillés, avec de franches notes fruitée et acidulée
Jivara	• Chocolat au lait à 40 % de cacao • Goût crémeux et cacaoté, avec une courte amertume
Tanariva	• Chocolat au lait à 33 % de cacao • Goût doux, caramélisé et équilibré
Gamme originale	**Caractéristiques**
Extra-amer	• Chocolat noir à 85 % de cacao • Goût très corsé, avec une nette amertume
Amer	• Chocolat noir à 71 % de cacao • Goût prononcé, avec une douce amertume
Noir	• Chocolat noir à 56 % de cacao • Goût équilibré légèrement sucré
Lacté	• Chocolat au lait à 40 % de cacao • Goût onctueux, doux et sucré

RECOMMANDATIONS CHEZ MICHEL CLUIZEL

Les chocolats de Michel Cluizel sont offerts en tablettes. Lorsque vous utilisez ses chocolats, la maison Michel Cluizel recommande de diminuer la quantité de chocolat précisée dans les recettes de 10%, car elle fait ses chocolats à partir de la fève entière, sans la décomposer. La quantité de beurre de cacao est donc supérieure dans ces chocolats, ce qui leur donne un contenu en chocolat plus puissant.

Gamme Grandes teneurs en cacao	Caractéristiques
Grand noir 85%	• Chocolat noir à 85% de cacao • Goût intense et persistant au palais
Noir de cacao 72%	• Chocolat noir à 72% de cacao • Goût racé, corsé et long en bouche
Grand lait 45%	• Chocolat au lait à 45% de cacao • Goût généreux, avec des notes de caramel et de noisettes
Gamme 1ers crus de plantation	Caractéristiques
Los Anconès (Saint-Domingue)	• Chocolat noir à 67% de cacao • Goût aux arômes de bois de réglisse, de fruits rouges et d'olives vertes, avec de subtiles notes de raisins de Corinthe et d'abricots
Vila Gracinda (São Tomé)	• Chocolat noir à 67% de cacao • Goût aux accents grillés, épicés et herbacés, mêlés à des flaveurs de fruits tropicaux mûrs et de bâton de réglisse
Conception (Venezuela)	• Chocolat noir à 66% de cacao • Goût aux nuances de vanille, de pain d'épices et de caramel, allongées d'accents de fruits secs et de fruits noirs mêlés
Mangaro (Madagascar)	• Chocolat noir à 65% de cacao • Goût très parfumé aux arômes de fruits exotiques, aux saveurs de pain d'épices et aux notes acidulées d'agrumes
Maralumi (Papouasie-Nouvelle-Guinée)	• Chocolat noir à 64% de cacao • Goût aux accents torréfiés et épicés, aux notes fraîches de bananes vertes, aux flaveurs de groseilles, subtilement prolongés d'arômes de feuilles de havane

Ganache express

Voici une succulente recette de ganache vite faite que nous a proposé Didier Girol, l'ambassadeur de la maison Michel Cluizel pour le Québec. Elle est aussi bonne pour couvrir un fond de tarte que pour déguster en tartinade.

80 ml (⅓ tasse) de crème 35 %
100 g (½ tasse) de chocolat Maralumi, haché
2 c. à café (2 c. à thé) de rhum blanc

• Cuire au micro-ondes à allure maximale 1 min et mélanger.

FARINE
Recommandation
Partisans de la saine alimentation, nous vous recommandons de cuisiner avec des farines non traitées, non blanchies et aussi naturelles que possible plutôt que de le faire avec des farines transformées et additionnées de poudre à lever ou de tout autre agent chimique. Il va sans dire que les recettes de ce livre ont été élaborées uniquement avec de la farine non traitée et non blanchie. D'ailleurs, les seules farines que nous utilisons et offrons chez Première Moisson sont les farines de blé de spécialité naturelles entièrement produites avec du blé cultivé au Québec, sans intrants chimiques, de la meunerie Les Moulins de Soulanges. Cette société, dont Première Moisson est copropriétaire avec Meunerie Milanaise, une société spécialisée en mouture de grains biologiques, et Agrifusion, un regroupement de producteurs de blé, a pour mission de concevoir des farines naturelles commerciales de qualité supérieure et des farines de spécialité adaptées aux besoins spécifiques des boulangeries artisanales, dans un cadre où traçabilité du blé, contrôle total du produit, respect de l'environnement et développement économique font bon ménage. Chez Première Moisson, nous nous sommes investis dans cette entreprise, car comme le stipule notre philosophie d'affaires, nous souhaitons participer concrètement à l'amélioration de la chaîne alimentaire.

Sélection
Au Québec, la farine tout usage est la plus commune en épicerie. Elle peut être utilisée aussi bien pour la pâtisserie que la viennoiserie et même la boulangerie. Elle est aussi le choix à privilégier pour toutes nos recettes de pâte à tarte. Ce type de farine est en quelque sorte une farine de compromis qui se situe entre la farine blanche à pain (type 55 ou T55 en France) et la farine blanche à pâtisserie (T45), plus légère et utilisée pour les pâtes fines (brioche, croissant, feuilleté, etc.). En boulangerie, quatre autres types de farine sont utilisés : la farine blanche sans additif (T65), avec laquelle le pain blanc de tradition française est fait, la farine bise ou semi-complète (T80), la farine complète (T110) et la farine intégrale moulue sur meule de pierre (T150).

FRUITS
Recommandation
Toutes nos recettes sont faites à partir de fruits frais. D'ailleurs, parce que nous aimons célébrer les merveilles que nous offre Dame Nature, nous vous recommandons de toujours utiliser les fruits de saison pour faire vos tartes. Non seulement cela vous fera-t-il découvrir le bonheur de vivre en symbiose avec la nature, mais vos produits finaux n'en seront que plus savoureux. Si vous êtes comme nous, vous prendrez vite goût à la cuisine de saison et à profiter des produits frais de la terre au moment de leur disponibilité naturelle. À une époque où tout est de plus en plus entreposé, transformé, exporté et importé, n'est-il pas approprié de se rapprocher ne serait-ce qu'un peu de la nature afin de vivre en meilleure harmonie avec elle ?

GÉLATINE

Achat

La gélatine est vendue en poudre et en feuilles. Les sachets de poudre de 7 g sont la forme la plus répandue dans les épiceries au Canada. En Europe, c'est plutôt la gélatine en feuilles de 2 g, qui est aussi la préférée des pâtissiers. Dans les recettes, le résultat est le même, seule la manipulation change. Il importe toutefois de savoir que la gélatine brûle facilement. Il ne faut donc pas la faire cuire trop longtemps.

Méthode d'utilisation simplifiée (poudre)

• Verser le contenu d'un sachet de gélatine dans 2 c. à soupe d'eau froide.

• Laisser gonfler 5 min, puis incorporer à la préparation selon les indications de la recette.

Méthode d'utilisation simplifiée (feuilles)

• Couvrir d'eau froide quatre feuilles de gélatine et les laisser gonfler de 5 à 10 min (quatre feuilles de 2 g remplacent un sachet de 7 g).

• Égoutter les feuilles entre les doigts, puis les incorporer à la préparation selon les indications de la recette.

Remarque

Si vous comparez les méthodes du fabricant à celles que nous proposons, vous constaterez notamment que nous ne mélangeons pas la poudre à de l'eau bouillante. S'il est effectivement préférable de dissoudre la poudre de gélatine ainsi, les tests que nous avons faits ont été concluants avec de l'eau froide. Pour la même raison, nous utilisons seulement 2 c. à soupe d'eau froide (au lieu des trois souvent demandées dans la méthode du fabricant). Les méthodes simplifiées que nous proposons sont le fruit de tests maison que nous avons effectués. Bien que différentes de celles des fabricants, elles ont toutes deux donné d'excellents résultats qui nous ont aussi permis de limiter l'ajout de liquide dans nos recettes.

GINGEMBRE

Conservation

La meilleure façon de conserver les racines de gingembre est de les peler et les congeler. Elles se conservent ainsi plusieurs semaines. Au réfrigérateur, le gingembre se conserve de deux à trois semaines sur une tablette. Ne pas le mettre dans le bac à légumes, car il développera de la moisissure à cause de l'humidité. Nous utilisons le gingembre frais dans nos recettes, car il est beaucoup plus aromatique que le gingembre en poudre.

Râpage

Le grand avantage de congeler les racines de gingembre est que ça les rend plus faciles à râper. Il suffit de sortir la racine déjà pelée, la râper sans la dégeler, puis la remettre au congélateur. Vite fait, bien fait!

NAPPAGE

Utilisation

Le nappage sert à rendre les garnitures de fruits plus brillantes et à leur donner un goût plus sucré.

Méthode

Le plus simple pour faire un nappage est d'utiliser de la gelée de pommes ou de fruits rouges ou encore de la confiture d'abricots du commerce, de la faire chauffer afin de la liquéfier, puis d'en badigeonner le dessus des garnitures aux fruits de vos tartes, au goût. Vous pouvez aussi faire votre propre nappage. Nous vous en proposons une recette à la page suivante. Ce nappage se conserve plusieurs mois au réfrigérateur.

Nappage au miel

250 ml (1 tasse) de miel
185 ml (¾ tasse) d'eau
1 sachet de 7 g (2 c. à café) de gélatine

- Faire gonfler la gélatine dans 2 c. à soupe d'eau froide pendant 5 min.
- Faire bouillir l'eau et le miel ensemble pendant 5 min, puis retirer du feu.
- Incorporer environ 60 ml (¼ tasse) du mélange chaud à la gélatine, puis verser cette préparation dans le reste du mélange chaud de miel et d'eau et mélanger le tout au fouet.
- Réserver au réfrigérateur.

Utilisation
- Au moment de l'utilisation, faire chauffer le nappage.
- Badigeonner la garniture de fruits au pinceau.
- Pour avoir un nappage plus épais sur les fruits, le laisser refroidir légèrement au réfrigérateur jusqu'à consistance semi-ferme, mais encore assez liquide pour qu'il puisse être badigeonné.

NOIX ET GRAINES
Optimisation de la saveur
Pour tirer la pleine saveur des noix et des graines, il est préférable de les griller lentement et longtemps au four préchauffé à faible température plutôt que de les rôtir rapidement à haute température. Ne les faites cependant pas trop griller, car elles auront un goût désagréable. Sachez aussi que les noix de Grenoble et les pacanes rancissent vite une fois grillées. Nous vous suggérons donc de griller graines et noix peu de temps avant leur utilisation.

Méthodes pour griller
Lente : 1 à 2 h à 120 °C (250 °F)
Rapide : 15 à 20 min à 165 °C (325 °F)

Conservation
Les noix et les graines crues se conservent très bien au congélateur. Pour ce qui est de celles qui ont été grillées, il faut bien les laisser refroidir dans un endroit sec avant de les conserver dans un contenant fermé hermétiquement, afin d'éviter que la chaleur qu'elles dégagent ne soit source d'humidité.

ŒUFS (BLANCS D')
Utilisation
Séparer les blancs des jaunes d'œufs lorsque ceux-ci sont froids. Laisser ensuite reposer les blancs à température ambiante et s'assurer que le bol et le fouet sont exempts de trace de gras avant de les fouetter.

Méthode pour les monter en neige (pics mous)
Utiliser un fouet avec de nombreux fils minces afin de maximiser le contact entre les blancs et le fouet. Battre les blancs à la vitesse moyenne du malaxeur en évitant de trop les battre, jusqu'à ce que leur consistance devienne ferme et légère, sans toutefois coller au fouet du malaxeur. En retirant doucement le fouet, la préparation doit former des pics mous et se détacher du fouet pour rester dans le bol. Utiliser les blancs d'œufs montés en neige le plus rapidement possible dans votre recette. Cette préparation sert à faire des gâteaux spongieux tels que le biscuit de Savoie.

Méthode pour former des pics fermes

Battre les blancs à la vitesse moyenne du malaxeur en utilisant idéalement un fouet à fils minces. Les monter en leur ajoutant graduellement du sucre, jusqu'à ce que leur texture devienne épaisse. Lorsque le fouet est retiré, la préparation doit y rester collée et former de longs pics fermes qui ressemblent à des becs de cygne. Plus il y aura de sucre ajouté à la préparation, plus sa consistante et ses pics seront fermes. Les blancs montés pour former des pics fermes servent entre autres à faire de la meringue.

Meringue

Pour bien réussir une meringue, les blancs d'œufs doivent être montés jusqu'à ce qu'ils forment des pics fermes. Le secret de la réussite est d'incorporer le sucre graduellement et délicatement en pluie fine au moment où les blancs passent du translucide au blanc pendant le fouettage. Il faut ensuite continuer de fouetter jusqu'à la formation des pics fermes.

ŒUFS (JAUNES D')

Méthode pour le blanchiment

Fouetter vigoureusement les œufs avec du sucre jusqu'à ce que le mélange pâlisse. Les jaunes sont blanchis lorsque le sucre s'y dissout et que la couleur jaune pâlit et se rapproche du blanc. Cette opération, qui prend quelques minutes, est importante, car elle permet de donner du volume aux recettes et empêche la formation de grumeaux lorsqu'on ajoute un liquide chaud au mélange.

PAPIER SULFURISÉ

Pour maintenir le papier sulfurisé en place lorsque vous chemisez un moule ou une plaque à biscuits, aspergez légèrement d'eau la surface de l'ustensile ou badigeonnez-la d'un corps gras.

POMMES

Lorsque vous choisissez des pommes pour une recette, il est bon de savoir que certaines variétés résistent mieux à la chaleur que d'autres. Pour vos tartes, privilégiez les pommes Empire, Cortland, Golden ou Lobo, car elles resteront intactes à la cuisson. Pour faire de la compote ou une sauce, optez plutôt pour la McIntosh, car elle se défait rapidement à la cuisson.

SUCRE DE CANNE

Sélection

Nous n'utilisons que du sucre de canne, car il est plus naturel et un peu moins transformé que le sucre blanc raffiné. De couleur brune, il est le produit de la déshydratation du jus de canne selon des méthodes traditionnelles. Attention à l'appellation « sucre roux », car il peut s'agir de sucre blanc coloré. Outre le sucre de canne, les seuls autres édulcorants que nous utilisons sont le miel et le sirop d'érable.

Méthode pour ajouter du sucre en pluie

Opération consistant à laisser tomber le sucre délicatement, par petite quantité, dans une préparation à la manière d'une pluie fine. Pour ce faire, prendre du sucre dans une cuillère et le distribuer en secouant doucement celle-ci au-dessus de la préparation, tout en faisant un mouvement circulaire.

VANILLE

Achat

Il existe plus d'une cinquantaine de variétés de vanille, les plus renommées étant la Bourbon de La Réunion et la Tahiti. À l'achat, recherchez les gousses grasses et souples les plus foncées. Les petits cristaux blancs (givre) qui apparaissent sur certaines variétés sont un signe additionnel de qualité, car il s'agit de la vanilline naturelle du fruit qui s'est cristallisée. Ils sont une partie intégrante de l'arôme. La vanille est aussi vendue en poudre et en extrait liquide. Privilégiez les produits de vanille purs, car ils ont nettement meilleur goût que les produits artificiels.

Utilisation

À cru dans les recettes, seules les graines sont utilisées. Pour les prélever, il suffit de couper la gousse en deux sur la longueur et les extraire en grattant l'écorce avec la pointe d'un couteau. La vanille est aussi employée pour parfumer du sucre ou des liquides par infusion. Nous vous donnons des recettes pour en faire ainsi que pour produire de l'extrait de vanille pur maison.

Sucre vanillé

250 g (1 tasse) de sucre de canne
1 gousse de vanille

• Mettre le sucre dans un pot qui se ferme hermétiquement. Ouvrir la gousse sur la longueur, la couper en deux sur la largeur et l'ajouter au sucre. Fermer le pot avec son couvercle et bien brasser.

• Laisser le sucre s'imprégner de la vanille de deux à six semaines (plus la période est longue, plus le sucre est parfumé).

• Brasser le pot deux fois par semaine afin que la saveur soit bien distribuée.

REMARQUE

Pour le sucre vanillé, il n'est pas nécessaire de prendre une gousse entière. L'écorce récupérée d'une gousse évidée de ses graines donne un aussi bon résultat.

Infusion

1 gousse de vanille
500 ml (2 tasses) de lait ou de crème

• Prélever les graines de la gousse de vanille et les mettre avec l'écorce dans le liquide.

• Chauffer le tout 10 min sans faire bouillir (plus ça infuse longtemps, plus c'est parfumé).

• Retirer l'écorce aussitôt l'infusion terminée, car elle peut donner un goût amer au liquide si elle y reste trop longtemps (la garder pour faire du sucre vanillé).

Extrait de vanille pur maison

250 ml (1 tasse) d'alcool pur ou de vodka titrée de 37 à 40°
100 g de gousses de vanille

• Verser l'alcool ou la vodka dans une bouteille (opaque idéalement).

• Prélever les graines, couper l'écorce en trois ou quatre morceaux, puis ajouter le tout dans la bouteille.

• Placer la bouteille dans un endroit à l'abri de la lumière pendant environ six mois.

• Secouer la bouteille deux ou trois fois les deux premières semaines, puis une ou deux fois par semaine ensuite.

• Après six mois, filtrer l'extrait avec une passoire fine afin de retirer les graines et l'écorce.

• L'extrait se conserve pendant plusieurs années et se bonifie avec le temps comme le vin.

Ustensiles

MOULES

Tous les moules ne sont pas égaux. Certains permettent une meilleure cuisson que d'autres selon le matériau avec lequel ils sont fabriqués. D'autres ont des propriétés qui simplifient le travail. Voici quelques renseignements pour vous guider dans votre choix.

Moules à charnière (1)
Ce type de moule est idéal pour faire les tartes à haut rebord, car il favorise autant leur cuisson impeccable que leur démoulage facile.

Moules à surface antiadhésive
Les surfaces antiadhésives sont très pratiques pour le démoulage puisqu'elles empêchent la pâte de coller au moule, ce qui garde les tartes intactes. Ce type de moule permet une bonne cuisson des tartes.

Moules cannelés à fond amovible (2)
Le fond amovible facilite le démoulage. Il suffit de le pousser vers le haut pour soulever la tarte sans la déformer. Les cannelures, elles, donnent un bel aspect à la tarte. Ce type de moule est offert en plusieurs dimensions et convient parfaitement à la cuisson des tartes.

Moules en céramique ou en porcelaine (3)
Ces matériaux supportent et diffusent très bien la chaleur, ce qui favorise une cuisson uniforme. Les moules faits de ces matériaux peuvent aussi facilement passer du four à la table. Un excellent choix pour la cuisson des tartes.

Moules en métal foncé
Les métaux foncés absorbent bien la chaleur et favorisent le brunissement. Les moules qui en sont faits permettent donc une excellente cuisson des fonds.

Moules en métal pâle
Les métaux pâles ne retiennent pas la chaleur. Les moules qui en sont faits ne sont donc pas à privilégier pour la cuisson des fonds ni des tartes.

Moules en pyrex (4)
Le pyrex retient et diffuse très bien la chaleur, ce qui permet le brunissement des croûtes. Les moules en pyrex sont aussi très polyvalents, car ils supportent autant le chaud que le froid. Un choix à privilégier, car ils donnent des fonds plus dorés et croustillants.

Moules en silicone
La silicone assure une cuisson uniforme, mais empêche le fond d'avoir une texture croustillante – la finition est plutôt lisse et lustrée. Souples, antiadhérents et antichaleur, ces moules permettent un démoulage facile qui préserve la belle apparence des tartes. Ils sont moins chauds à la sortie du four et peuvent aussi passer du congélateur au four sans transition. Bien vous assurer de la qualité du produit toutefois pour en profiter à souhait.

Moules en silicone métallisée
Cette nouvelle génération de silicone offre tous les avantages de la précédente en plus de permettre aux tartes d'avoir des fonds à texture croustillante. Le temps de cuisson peut aussi être jusqu'à 20 % plus court qu'avec les moules en silicone traditionnelle.

Plaque à biscuits

Indispensable pour la cuisson de certains fonds. Elle absorbe et répartit la chaleur sur toute la surface ce qui permet une cuisson uniforme. Préférez les plaques à rebord, car elles maintiennent en place le papier sulfurisé et la tarte à la sortie du four.

Poêle en fonte

Excellent conducteur de chaleur, la fonte diffuse celle-ci de façon progressive sur toute la surface de la poêle. Cela permet non seulement une cuisson uniforme, mais aussi de garder les mets chauds une fois la poêle retirée du feu.

INSTRUMENTS DE MESURE

Les instruments de mesure n'étant pas tous de la même qualité, la valeur réelle des mesures n'est pas toujours exacte et peut donc varier d'un outil à l'autre. Si vous cuisinez beaucoup, nous vous recommandons d'investir dans une bonne balance de cuisine et de peser vos ingrédients comme le font les chefs.

Balance de cuisine (5)

Il existe des modèles automatiques et électroniques. Une bonne balance de cuisine vous permettra de mesurer vos ingrédients avec plus de précision. Cet outil est aussi idéal pour convertir facilement et avec exactitude les mesures impériales en mesures métriques et vice-versa.

Cuillères à mesurer (6)

Elles sont indispensables pour mesurer les ingrédients en petits volumes. L'ensemble courant est constitué de quatre cuillères : ¼ c. à café (¼ c. à thé), ½ c. à café (½ c. à thé), 1 c. à café (1 c. à thé) et 1 c. à soupe (15 ml).

Tasses à mesurer les ingrédients liquides (7)

Elles se distinguent par leur bec verseur qui facilite l'utilisation des liquides. La pleine mesure arrive sous le bord de la tasse afin d'éviter que le liquide ne renverse. Elles sont généralement graduées aux quarts et aux tiers de la pleine mesure (ex. : ¼, ½, ¾, ⅓ et ⅔ de tasse pour un outil contenant une tasse) ainsi qu'en millilitres.

Tasses à mesurer les solides (8)

La pleine mesure arrive au ras du bord de ces tasses. Si la tasse est trop comble, il suffit ainsi d'en égaliser le dessus en passant un instrument droit tel un couteau à ras le bord pour enlever le surplus et avoir la mesure exacte. L'ensemble de base comprend habituellement quatre pièces : ¼ de tasse, ⅓ de tasse, ½ tasse et 1 tasse.

Thermomètre à bonbons

Instrument qui permet de mesurer avec précision la température des préparations afin de les réussir à la perfection. Certains modèles se fixent à la paroi de la casserole, d'autres s'appuient sur le fond de celle-ci. Lorsque vous prenez une mesure, il importe que le thermomètre soit seulement en contact avec la préparation afin que vous puissiez avoir la température exacte de celle-ci.

Fouet (10)

Ustensile manuel de base, à plusieurs fils métalliques, utilisé pour battre ou mélanger une préparation ou encore activer la fonte d'un ingrédient solide en y incorporant de l'air pour lui donner du volume.

Malaxeur (batteur sur socle) (11)

Appareil électrique à tête inclinable auquel on peut fixer un fouet ou un crochet pétrisseur (deux sur certains modèles) afin d'incorporer, mêler, malaxer, battre, fouetter ou aérer des ingrédients solides et liquides, à vitesse variable, dans un bol placé sur le socle afin de faire des préparations homogènes de consistance plus ou moins ferme. Certains modèles haut de gamme sont à bol relevable.

Mélangeur (12)

Appareil électrique constitué d'une base avec commande de vitesse ainsi que d'un couteau rotatif à plusieurs lames et d'un récipient à poignée, bec verseur et couvercle qui se fixent sur la base et servent à malaxer des ingrédients pour en faire des préparations liquides homogènes plus ou moins épaisses.

Mélangeur à pâte manuel (coupe-pâte) (13)

Ustensile en inox en forme de U, fixé à une poignée en bois ou en plastique, dont l'extrémité est constituée de cinq ou six lames parallèles légèrement incurvées qui servent à incorporer à la farine un corps gras solide – du beurre le plus souvent – sans utiliser les mains afin de ne pas le réchauffer. Le terme «coupe-pâte» sert aussi à désigner un ustensile formé d'une plaque de métal rectangulaire, parfois arrondie au bout, fixée à une poignée et qui sert à couper ou à soulever la pâte et peut aussi être utilisé comme racloir.

Mixeur plongeant ou plongeur (mélangeur à main) (14)

Plus léger et compact que le batteur à main, cet appareil électrique profilé se plonge directement dans un récipient (bol, casserole ou autre) afin de fouetter, émulsionner, liquéfier, homogénéiser ou réduire en purée des aliments. Il est très utile pour mélanger une petite quantité de préparation. Souvent vendu avec un récipient adapté.

INSTRUMENTS À MÉLANGER

En cuisine, il y a plusieurs façons d'apprêter les ingrédients et les préparations, dont certaines sont plutôt difficiles à réaliser à la main. Heureusement, le génie humain a permis de développer une série d'instruments pour faciliter les choses. La plupart de ceux que nous décrivons ci-dessous sont devenus des incontournables, spécialement pour confectionner les desserts.

Batteur à main électrique (9)

Instrument électrique léger à poignée, commande de vitesse et deux fouets de quatre pales chacun qui permet entre autres, tout comme le malaxeur, de monter les blancs en neige, fouetter la crème ou réduire le beurre et le sucre en crème.

Batteur à œufs

Instrument manuel à poignée, manivelle et deux fouets de quatre pales chacun qui sert à battre les œufs pour les aérer.

Robot de cuisine (15)

Appareil électrique à bloc et arbre moteurs, sélecteur de vitesse, tige amovible à couteau, lame ou disque, bol à poignée, couvercle à entonnoir et poussoir, qui sert à couper, broyer, émincer, déchiqueter, hacher, trancher, pétrir ou mélanger des ingrédients solides afin de les apprêter ou d'en faire des préparations de consistance variée.

AUTRES USTENSILES

Pour être efficace en cuisine, il importe d'utiliser les bons ustensiles pour effectuer les bonnes tâches. Voici une liste des autres principaux ustensiles qui pourront vous aider à réaliser les recettes de notre livre.

Cul-de-poule (bol à mélanger) (16)

Pièce maîtresse des chefs pâtissiers, ce récipient en forme de demi-sphère et généralement en inox sert à élaborer les préparations. Offert en plusieurs formats, il peut aussi servir à faire un bain-marie avec une casserole pour fondre le chocolat.

Canneleur

Ustensile à lame avec une ouverture coupante en V qui sert à prélever des lanières d'écorce d'agrumes.

Casserole

Ustensile de forme cylindrique à manche, souvent avec couvercle, qui sert à la cuisson des éléments sur le feu. Pour une cuisson plus uniforme, privilégiez les casseroles à fond épais, car elles permettent une meilleure diffusion de la chaleur. Il est toujours commode d'avoir au moins une grande et une petite casserole dans son ensemble d'ustensiles de cuisine.

Cuillère à melon (cuillère parisienne) (17)

Ustensile à manche au bout duquel se trouve une partie creuse hémisphérique qui sert à prélever des billes de chair de melon. Elle peut aussi servir à enlever le cœur de certains fruits.

Économe (éplucheur) (18)

Petit instrument à main en forme d'anse ou à manche, au bout duquel est fixée une lame à large fente centrale, pivotante et amovible sur les modèles à pivot, qui sert à éplucher facilement les légumes ou à prélever de fines lamelles de zeste sur les agrumes en suivant leurs contours. Certains modèles sont offerts avec des lames permettant de faire des motifs décoratifs.

Emporte-cœur

Instrument constitué d'un manche et d'une lame incurvée à extrémité cylindrique coupante qui sert à évider certains fruits tels que les pommes et les poires.

Grille de refroidissement

Grille sur pieds, légèrement surélevée, qui permet d'accélérer le refroidissement des tartes.

Mandoline (19)

Instrument plat muni d'une fente coupante qui permet d'apprêter facilement les fruits et légumes en tranches, en rondelles ou en julienne de différentes épaisseurs.

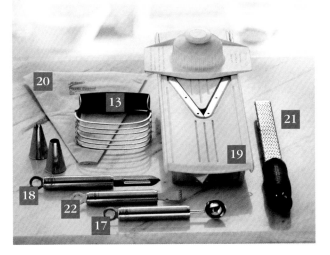

Papier sulfurisé (papier parchemin)
Papier traité afin d'être imperméable et résistant aux
températures élevées. Il est utilisé en cuisine pour
empêcher les aliments de coller aux ustensiles à la
cuisson, ce qui facilite le démoulage ainsi que le
nettoyage.

Passoire
Récipient troué avec ou sans poignée qui sert à égoutter
les aliments ou instrument à anse, bordure et toile
bombée à maillage plus ou moins fin qui sert à filtrer les
préparations ou à tamiser ou saupoudrer les ingrédients
secs.

Pellicule plastique
Mince film de plastique aux qualités d'étanchéité,
d'adhésion et d'élasticité variables selon les marques.
Nous l'utilisons dans certaines recettes pour tapisser le
fond des moules afin de faciliter le démoulage.

Pinceau à pâtisserie
Instrument qui sert à badigeonner la pâte, la croûte et
autres garnitures de fruits avec de l'eau, de l'œuf battu,
du nappage, etc. Les modèles à soies naturelles ou en
silicone sont à privilégier.

Poche à pâtisserie et douilles (20)
Instrument fait d'une poche hermétique conique au bout
de laquelle une douille amovible à motif décoratif peut
être fixée. Cet ustensile permet de donner des formes
décoratives aux préparations molles. Les ensembles
contiennent habituellement plusieurs douilles aux motifs
variés.

Râpe (type Microplane) (21)
Instrument à poignée et lame en U à dents minuscules
coupantes qui permet de râper très finement les
ingrédients. Un must pour faire du zeste d'une
merveilleuse finesse.

Rouleau à pâtisserie
Instrument cylindrique de taille variable, muni ou
non de poignées latérales, qui sert à abaisser la pâte.
Traditionnellement, les rouleaux à pâtisserie sont en bois,
mais de nouveaux modèles plus évolués en inox, en
silicone, en polyéthylène ou à surface antiadhésive font
de plus en plus leur marque. Un outil indispensable pour
faire des tartes.

Spatule
Autre outil essentiel en pâtisserie, la spatule est en
quelque sorte un prolongement du bras adapté à la
cuisine. Instrument à manche et à palette rectangulaire
souple à bout aplati et parfois arrondi aux coins, elle
sert notamment à racler les parois des bols et casseroles,
à mélanger les ingrédients, à plier les préparations, à
étaler et lisser les nappages et bien davantage. Il existe
plusieurs modèles de spatules, chacun ayant sa fonction.
Les modèles les plus courants sont faits de caoutchouc,
de bois, de silicone ou de métal.

Tamis
Instrument à cadre cylindrique et toile à fin maillage
qui sert à éliminer les grumeaux d'ingrédients solides,
notamment la farine, le sucre glace et la poudre à lever.
Certains modèles sont munis d'un mécanisme qui s'active
manuellement. Le tamis est aussi utilisé pour saupoudrer
le sucre glace en finition.

Zesteur (22)
Instrument à manche muni d'une lame courbée à cinq
perforations coupantes pour prélever de longs filaments
de zeste et d'un côté tranchant pour prélever de fines
lamelles d'écorce sans entamer la peau blanche des
agrumes.

Abaisse

Morceau de pâte amincie avec un rouleau pour faire un fond ou un dessus de tarte.

Anis étoilé

Condiment de couleur marron, en forme d'étoile à huit branches, au parfum puissant très caractéristique. Il est entre autres utilisé pour aromatiser les desserts et les confitures ainsi que dans la fabrication du pastis. En infusion, on lui reconnaît des propriétés digestives qui aident à diminuer les ballonnements et les flatulences.

Beurrer un moule

Opération qui consiste à recouvrir un moule d'une matière grasse, généralement du beurre, avant d'y mettre une abaisse ou une préparation afin d'empêcher que celles-ci y collent.

Broyer

Réduire un ingrédient en minuscules fragments sous la force d'une pression ou de chocs répétitifs, au robot de cuisine par exemple.

Cannelé bordelais

Petit gâteau moelleux strié de forme cylindrique.

Cannelure

Chaque sillon ou petit creux de vague d'un moule cannelé (moule à paroi en forme de «S» couché répétitif).

Chemiser de papier sulfurisé

Synonyme de «recouvrir de papier sulfurisé».

Compoter

Cuire longuement à feu doux afin d'obtenir la texture d'une compote.

Concasser

Écraser un ingrédient afin de le réduire en morceaux plus ou moins fins ou grossiers.

Coulis

Purée de fruits crue, filtrée à la passoire, utilisée pour napper les tartes et autres desserts.

Crumble

Pâte sucrée friable constituée de particules fines et grossières.

Cuisson à blanc d'un fond

Courte précuisson du fond avant de le garnir. Pour empêcher son boursouflement, on le recouvre de papier sulfurisé et de pois secs avant de le mettre au four.

Cuisson à cœur d'un fond

Cuisson assez longue à feu doux pour que le fond soit cuit jusqu'en son centre, sans goûter le brûlé.

Cul-de-poule

Récipient métallique en forme de demi-sphère utilisé en pâtisserie pour monter les blancs d'œufs en neige et pour mélanger d'autres préparations du genre.

Effriter

Réduire un ingrédient en morceaux de relativement petites dimensions par frottement.

Édulcorant

Substance qui donne une saveur douce telle que le sucre, le miel et le sirop d'érable.

Émulsionner

Fouetter vigoureusement deux liquides, dont un corps gras, qui ne forment normalement pas un mélange homogène afin de les incorporer l'un à l'autre. Le fouettage divise le plus lourd des deux liquides en gouttelettes microscopiques qui se retrouvent ainsi en suspension dans l'autre liquide pour former un mélange d'apparence homogène.

Évider

Retirer le cœur d'un aliment en creusant (ex. : évider le cœur d'une pomme).

Festonner

Joindre les rebords de deux abaisses d'une tarte (le fond et le dessus) en créant un feston, soit une bordure décorative en forme de vagues.

Follicule

Fruit sec qui s'ouvre de lui-même pour libérer son contenu. Chaque étoile d'anis étoilé est un follicule.

Foncer un moule

Recouvrir l'intérieur d'un moule avec une abaisse de pâte afin de constituer le fond de tarte sur lequel la garniture sera ensuite versée ou disposée selon sa composition.

Hacher

Couper en petits morceaux à l'aide d'un couteau ou de tout autre instrument tranchant.

Moule cannelé

Moule ceinturé d'un rebord fait de petites cavités longitudinales.

Napper

Recouvrir d'une gelée, d'un coulis, d'une sauce ou autre substance similaire.

Pincer la pâte

Opération qui consiste à orner le rebord d'une tarte avant de la cuire en créant un effet de vague à l'aide d'une pince à tarte ou en pinçant la pâte par petits bouts entre le pouce et l'index sur tout le pourtour.

Piquer la pâte

Opération qui consiste à faire des petits trous, généralement avec une fourchette, dans une abaisse de tarte foncée dans un moule afin d'empêcher qu'elle ne gonfle à la cuisson.

Plier

Opération qui consiste à incorporer une préparation délicate dans une autre en les retournant l'une sur l'autre sans mouvement brusque, à l'aide d'une spatule.

Quenelle

Aux fins de ce livre, petite masse de mousse oblongue (plus longue que large) formée à l'aide de deux cuillères à soupe avec lesquelles on fait passer la mousse de l'une à l'autre jusqu'à la formation d'une belle quenelle (voir la photo à la page 119).

Sabler

Travailler les ingrédients d'une pâte du bout des doigts de sorte que celle-ci ait une texture semblable à du sable. Cette technique est utilisée pour les pâtes brisée et sablée.

Saupoudrer

Couvrir d'une fine couche de substance poudreuse tel que du sucre glace.

Spirale

Courbe qui forme un enroulement. Dans la présentation d'une garniture, façon de disposer les ingrédients pour créer cette forme.

Suprême

Chaque portion de pulpe qui se trouve entre les membranes d'un agrume.

Tamiser

Passer un ingrédient solide à travers un tamis ou une passoire afin d'en éliminer les grumeaux (consulter les termes «tamis» et «passoire» dans la section «Ustensiles»).